Zauberdiagnose und Schwarze Magie in Mesopotamien

CNI PUBLIKATIONS 2

Zauberdiagnose und Schwarze Magie in Mesopotamien

VON MARIE-LOUISE THOMSEN

THE CARSTEN NIEBUHR INSTITUTE OF ANCIENT NEAR EASTERN STUDIES

Udgivet med støtte fra Carlsbergfondet

© Marie-Louise Thomsen
Museum Tusculanum Press

Omslag: Thora Fisker
Tryk: Specialtrykkeriet Viborg

ISBN 87-7289-006-1
ISSN 0902-5499

Inhaltsverzeichnis

Vorwort	7
Einleitung	9
Terminologie	16
Zauberer und Zauberin	21
Die Methoden der Schwarzen Magie	30
Symptome für Schwarze Magie	50
Maßnahmen gegen Schwarze Magie	58
Anmerkungen	69
Bibliographie	89
Verzeichnis der Texte	94

Vorwort

Die Drucklegung dieser Untersuchung wurde durch die finanzielle Unterstützung des Carlsberg Fonds, Kopenhagen, ermöglicht. Ihm sei an dieser Stelle ebenso gedankt wie meinen Kollegen am Carsten Niebuhr Institut der Universität Kopenhagen für ihren Rat und ihre Hilfe, allen voran Paul John Frandsen.

Einleitung*

Den Gegenstand dieser Untersuchung bildet die Schwarze Magie, die im Falle Mesopotamien ausschließlich Schadenzauber bedeutet, Handlungen also, die mit Hilfe übernatürlicher Kräfte anderen Personen Schaden zufügen sollen, sei es wirtschaftliches Mißgeschick, Unheil, Krankheit oder gar Tod.

Doch es muß einleitend betont werden, daß unter den zahlreichen Beschwörungen, Ritualen und medizinischen Texten aus Mesopotamien keine einzige Zauberanweisung zur Ausführung von Schwarzer Magie zu finden ist (1). Andererseits gibt es überaus zahlreiche Instruktionen und medizinische Mittel gegen die Folgen von Schadenzauber. Bekanntester Vertreter dieser Textgruppe ist die Beschwörungsserie Maqlû, die Anweisungen erteilt, wie der König oder andere hochstehende Personen durch ein sich über die ganze Nacht hin erstreckendes Ritual zu beschützen seien. Solche Texte bezeugen, daß man in Mesopotamien an Hexen und an die Wirkungen der Schwarzen Magie glaubte, und vor allem diesen Quellen entstammen die Informationen über den mesopotamischen Schadenzauber, die Vorstellungen von Zaubertechniken, über Zauberer, Zauberinnen und über ihre Praktiken.

---

* Die Druckvorlage dieses Buches wurde mit Hilfe eines elektronischen Textverarbeitungsprogramms erstellt. Aus technischen Gründen mußte daher auf Tiefstellen der Zeichenindices in den Umschriften in der üblichen Form verzichtet werden.

Ob Schadenzauber jemals in Mesopotamien ausgeführt wurde, ist allerdings mehr als fraglich. Trotz - oder vielleicht infolge - der strengen gesetzlichen Maßnahmen gegen Zauberei sind keine Fälle bekannt, in denen jemand wegen Ausführung eines Zauberrituals verurteilt worden ist. Wie darzustellen sein wird, bleiben die Zauberer in allen Texten merklich anonym, ja stereotypenhaft. Es scheint daher berechtigt zu sein, in Mesopotamien nicht von Schwarzer Magie als einem tatsächlich praktizierten Phänomen, sondern lediglich von der Furcht vor oder dem Verdacht der Schwarzen Magie zu sprechen.

Vorstellungen von Schwarzer Magie und ihren Wirkungen sind in der Welt fast überall verbreitet und ähneln sich zum Teil erheblich. Doch nicht nur in Mesopotamien, sondern auch in anderen Kulturen kann zwar der Glaube an, nicht jedoch die tatsächliche Existenz von Zauberern nachgewiesen werden, erhebt sich der Verdacht gelehrter Fiktion. Wie entsteht aber dieser Glaube? Man kann ihn als die Erklärung eines Phänomens betrachten, für das es ansonsten innerhalb der Kosmologie der jeweiligen Gesellschaft keine Erklärung gibt. So schreibt E.E. Evans-Pritchard in seinem berühmten, klassisch gewordenen Werk über Hexerei, Orakel und Magie bei den afrikanischen Zande:

> "Hexer, wie die Zande sie sich vorstellen, kann es offensichtlich nicht geben. Gleichwohl liefert ihnen ihre Vorstellung von Hexerei eine Naturphilosophie, mit der das Verhältnis zwischen Menschen und unglücklichen Ereignissen erklärt wird. Zugleich liefert sie ein vorgefertigtes und stereotypes Mittel, auf solche Ereignisse zu reagieren. Der Glaube an Hexerei umfaßt außerdem ein Wertsystem, das menschliches Verhalten regelt" (2).

Hexerei ist also bei den Zande allgegenwärtig. Sie bietet die Begründung für Krankheiten, Unfälle, Mißerfolge bei der Jagd oder Fehlbrände bei der Keramikproduktion trotz sorgfältigster Vorbereitung. Der Betroffene aber reagiert laut

Evans-Pritchard nicht in erster Linie mit Ehrfurcht und Angst, sondern eher mit Ärger und Zorn über die Bosheit der Menschen. Ein Zande muß tagtäglich mit Zauberei rechnen, meistens in kleinen Angelegenheiten, ohne daß er dagegen etwas unternimmt. Steht allerdings mehr auf dem Spiel, kann es von Nutzen sein, den Hexer schnell zu identifizieren und ihn zur Aufgabe seiner Hexereien zu überreden, damit sich der Schaden in Grenzen hält (3).

Diese Beobachtungen mögen teilweise auch für das mesopotamische Phänomen der Schwarze Magie Geltung besitzen. Die Texte aus Mesopotamien führen viele Ursachen für Mißgeschick, Unfälle und Krankheiten an: Dämonen, Totengeister, Hexerei oder "Hand" einer Gottheit. All dies war Teil der Weltauffassung und konnte Ereignisse des alltäglichen Lebens erklären. Die Mesopotamier deswegen als abergläubisch und ängstlich zu bezeichnen wäre verfehlt (4).

Auch die Dämonen und Totengeister erfüllen eine Funktion im mesopotamischen Erklärungsmodell für Krankheiten und Unfälle. Die tiefer liegende Ursache dafür, daß ein Mensch von Krankheit usw. betroffen wird, ist ein Mißverhältnis zwischen Mensch und Gott, das durch ein gewolltes oder ungewolltes Vergehen des Menschen entstanden ist. Er hat sich entweder anderen Menschen gegenüber verfehlt oder ein Tabu verletzt, er ist unrein geworden; die Götter sind ihm zornig und haben sich von ihm abgewandt. Dadurch verfügt der Mensch nicht mehr über den Schutz der Götter und ist allen bösen Mächten bloßgestellt. Dies bedeutet nicht so, daß der Gott ihm direkt einen Dämon als Strafe auf den Hals schickt, er beschützt ihn nicht mehr.

Wenn der Mensch erkrankt ist oder durch ein bedrohliches Vorzeichen erkannt hat, daß etwas nicht in Ordnung ist, hat er sich schleunigst von der ihn belastenden Schuld oder Unreinheit zu befreien und sich mit den Göttern zu versöhnen, um wieder gesund, bzw. um gar nicht erst krank zu werden. Dies wird durch ein Ritual erreicht, weswegen die Rituale, sowohl Exorzismus-, Namburbi- wie auch andere

Heilungsrituale, meist eine Reinigung, etwa durch Waschen der Hände, Baden im Fluß, durch Salben mit oder Einnahme von reinigenden Kräutern und Substanzen wie z.B. Tamariske, maštakal ("Seifenkraut"), oder durch Reinigung mit Weihrauch usw. enthalten. Außerdem gehören zu den Ritualen Opfer und Gebete an einen oder mehrere Götter. Harmlose Krankheiten oder deren Symptome linderte oder behob man wahrscheinlich mit Medikamenten; ihre Ursache, Schuld und Unreinheit, konnte aber nur durch das Ritual, die Reinigung und die Versöhnung mit dem Göttlichen entfernt werden.

Die Rolle des Zauberers zielt deswegen darauf, den Betroffenen "anfällig" zu machen; er vermag nicht, ihm eine bestimmte Krankheit anzuzaubern, sondern lediglich das Verhältnis zwischen dem Bezauberten und den Göttern zu stören. Durch Manipulationen mit Figuren, Kleiderfetzen, abgeschnittenen Fingernägeln, Haaren, männlichem Sperma usw. oder durch Verabreichung von verzauberten Speisen, unreinem Öl oder Waschwasser wird die Person, die damit in Berührung war oder kommt, unrein und die Götter wenden sich von ihr ab. Ja man kann sogar verzaubert werden, wenn einem etwas Unpassendes gezeigt wird. Deswegen kennt Zauberei keine bestimmten Symptome; der Bezauberte kann vielmehr von den gleichen Krankheiten und Unfällen getroffen werden, wie sie sich sonst durch irgendeine andere Sünde ergeben. Ob Zauberei als Diagnose gestellt wird, wenn der Patient sich keiner Schuld bewußt ist oder wenn eine Krankheit besonders hartnäckig und deswegen vielleicht als etwas Auffallendes erscheint, ist für uns schwer zu entscheiden. Man könnte vermuten, daß sich der Verdacht auf Schwarze Magie vor allem dann erhebt, wenn man bereits mit jemandem in Streit liegt; Prozeßgegner (bēl amāti oder bēl dabābi) sind ja öfters genannt. Die mesopotamische Gedankenwelt ist uns aber zu wenig bekannt, um die Reflektionen und Argumentationen des diagnostizierenden Beschwörers oder Arztes zu rekonstruieren.

Daraus ergibt sich, daß die Heilung von einer durch Zauberei verursachten Krankheit im Prinzip nicht anders vor sich gehen muß als jede andere Heilung auch, d.h. durch Reinigung und Versöhnung mit den Göttern. Zusätzlich aber wird eine Auseinandersetzung mit dem Zaubernden erforderlich, um die Zauberei zu beendigen. Der Gott ist zu überzeugen, daß der Bezauberte ein unschuldiges Opfer gewesen und die Handlung des Zauberers ungerecht sei, daß dieser nicht gehört werden dürfe, sondern vielmehr selbst von seinen eigenen Zaubereien getroffen werden solle.

Es wurde eingangs darauf hingewiesen, daß es Anweisungen für Hexerei nicht gäbe. Dies trifft insofern zu, als es keine Beschreibungen für Bildzauberrituale gibt, wie sie von den Gegenzauberritualen her bekannt sind. Aber es existieren Anweisungen zur Beeinflussung des Mitmenschen. Ob solche Praktiken der Schwarze Magie zuzuordnen sind, ist eine Frage der Definition und vor allem des sozialen Kontexts. Wenn man an die Wirkungen glaubt, stellt Liebeszauber einen Eingriff in die Persönlichkeit gegen den Willen des Individuums dar. Die mesopotamische Gesellschaft verbietet und bestraft - zumindest theoretisch laut den Gesetzen - Zauberei im Sinne von Schadenzauber (kišpu). Dennoch stellt sich die Frage, ob Liebeszauber schädlich sei. Die Wirkung mag ja nicht immer als negativ aufgefaßt werden. Es gibt einige Ritualbeschreibungen für Liebeszauber, aber m.W. keine Gegenrituale oder -mittel. Daraus läßt sich schließen, daß Liebeszauber nicht dem Schadenzauber zugeordnet wurde. Auch Anweisungen zur Besänftigung des Gegners wollen Einfluß auf andere Menschen ausüben; sie wurden aber allein deswegen wahrscheinlich nicht als kišpu aufgefaßt.

Eine mögliche Ausnahme bildet eine Beschwörung, die zum Liebeszauber und den ŠÀ.ZI.GA-Texten gehört:

> "I am a daughter of Ningirsu, the releaser. My mother is a releaser, my father a releaser. I who have come, I can indeed release! May the penis of NN son of NN be a stick of martû-wood! May it hit the anus of (my rival) NN and (injure her) so that he cannot satisfy himself with her charms!" (5).

R.D. Biggs bemerkt hierzu, daß die Übersetzung falsch sein könne, da es der einzige ŠÀ.ZI.GA-Text ist, der Schaden zufügen soll. Stattdessen schlägt er folgende Interpretation des letzten Satzes vor: "May the penis of NN son of NN be a stick of martû-wood, may it hit the anus of the woman NN whose desire is not satisfied" (6).

Als zweite Ausnahme erscheint auf den ersten Blick eine kurze Anweisung für einen Amulett (SBTU II 22 IV 11-12), die E. von Weiher folgendermaßen übersetzt:

> "Um den Prozeßgegner eines Menschen Mundlähmung(?) bekommen zu lassen und in seinem Prozeß über ihn (sich) hochzustellen: den Kopf eines Adlers, den Flügel eines Adlers und das Haar eines Löwen (sc. nestelst du) in einen Lederbeutel" (7).

Dieses Rezept steht zusammen mit vielen anderen ähnlichen Anweisungen zur Abwendung von Zauberei, Zorn der Götter und dergleichen. Es ist deshalb auffällig, daß diese eine Anweisung als Schadenzauber aufgefasst werden soll, schon weil das Mittel, nämlich das Amulett, wohl nicht vom Prozeßgegner, sondern vom Mann selbst getragen werden soll. Ich würde deshalb den Text eher folgendermaßen auffassen: "Wenn der Prozeßgegner eines Mannes diesem Mundlähmung verursacht hat und sich in seinem Prozeß über diesem hat triumphieren lassen". Dies entspricht dann einer Situation, in der der Gegner ein besserer Redner ist und den anderen durch Verunsicherung zum Schweigen gebracht hat. Dagegen kann er sich mit einem Amulett wehren.

Die Texte

Die vorliegende Untersuchung stützt sich vorwiegend auf neuassyrische Texte aus Assur und Ninive. Da diese Texte besonders für die Anwendung am Hof des Königs gesammelt und archiviert wurden, können sie streng genommen nur etwas über die Ansichten und das Verhalten dieser sozialen Schicht aussagen. Die Ausführungen dieser Arbeit beschäftigen sich daher nicht mit der Rekonstruktion populärer Glaubensformen in Mesopotamien. Man hat sich hingegen vor Augen zu halten, daß die überlieferten Quellen den Bereich einer kleinen gelehrten Schicht am Hof repräsentieren.

Es gibt nur wenige sumerische Beschwörungen gegen Zauberei; ein Beispiel ist die von A. Falkenstein, ZA 45, bearbeitete zweisprachige, altbabylonische Beschwörung mit einem Duplikat aus Boğazköy (8). Unter den zahlreichen Beschwörungen, die zum Maqlû-Ritual gehören, findet sich nur eine einzige sumerische, die gegen udug.hul gerichtet ist und Zauberer nicht erwähnt (9). Daraus könnte man schließen, daß der Glaube an Schwarze Magie in dieser Form sich erst relativ spät entwickelte. Allerdings gibt es einige sumerische Beschwörungen gegen den bösen Blick, der eine besondere Art des Schadenzaubers darstellt.

Terminologie

Akkadische Bezeichnungen für "Schadenzauber"

(a) kišpu, oder pl.tantum kišpū, scheint der generelle Terminus zu sein; er hat stets die negative Bedeutung "Schadenzauber", wie die Verwendung dieses Wortes in den Gesetzen gegen Zauberei deutlich zeigt (10). Das Verbum ist kašāpu "zaubern", ferner gibt es die Bezeichnungen kaššāpu "Zauberer" und kaššāptu "Zauberin", sowie die selten belegten Ausdrücke kaššāpūtu "Zauberei" und kušāpu "Zaubermittel". Alle Ableitungen von der Wurzel kšp bezeichnen somit immer unheilbringenden und deshalb verbotenen Zauber.

(b) ruhû und rusû bezeichnen ebenfalls schädlichen Zauber, zumeist in der Aufzählung kišpu ruhû rusû. Alle drei Begriffe werden mit dem gleichen Ideogramm wiedergegeben: UŠ11 UŠ11 UŠ11. Das Material erlaubt keine näheren Aussagen über eine differenzierte Definition oder für eine Abgrenzung der drei akkadischen Bezeichnungen untereinander (11).

(c) Andere Ausdrücke für Schadenzauber sind aus dem Verbum epēšu, wörtlich "machen", abgeleitet, das in der Bedeutung "(ein Ritual) machen, ausführen" häufig für "Schadenzauber" angewendet wird. Die Ableitungen epištu, ipšu, upšū und upšašû, die beiden letzteren mit. dem Ideogramm NÍG.AK.A wiedergegeben, bezeichnen u.a. rituelle Handlungen, meistens, aber nicht ausschließlich im Sinne von negativen Zauberhandlungen. Auch von epēšu können mit ēpišu, ēpištu, muštēpišu und muštēpištu Nomina für Zauberer, bzw. Zauberin, gebildet werden.

Der semantische Unterschied zwischen kišpu und den von epēšu abgeleiteten Ausdrücken ist wohl folgender: epēšu usw. betont, daß eine Handlung, ein Ritual, vorausgegangen ist, während diese Bedeutung wahrscheinlich nicht in der Wurzel kšp explizit zum Ausdruck kommt. Die Ableitungen von epēšu bezeichnen an sich nur Handlungen; daß sie in negativer Absichten geschehen, wird aus dem Kontxt deutlich. kašāpu, kišpu usw. stellt hingegen den präzisen Terminus für die schädliche, kriminelle Form des Zaubers dar.

(d) zīru (HUL.GIG) und zērūtu "Haß" bzw. "Gehässigkeit" tauchen öfters mit Zauberbegriffen wie kišpu und ruḫû auf; es scheint daher die Auffassung gegeben zu haben, daß ein starkes, negatives Gefühl wie Haß durchaus konkrete Wirkungen auf eine Person ausüben könne, die das Ziel dieser Emotionen ist; vgl. kiš-pi ru-ḫe-e ze-ru-ti šib-šat DINGIR u (d)IŠ8.TÁR a-wi-lu-ti (Var.: NAM.LÚ.U18.LU) "Schadenzauber, Zauberei, Haß, Zorn des Gottes und der Göttin (und) der Menschen" (BMS 12, 106-107); [kiš-p]u ze-ru-tum i-ta-ṣi-a ana ki-di-im "Schadenzauber und Gehässigkeit sind in das offene Land hinausgegangen" (AMT 67,3: 8, Beschwörung).

Ob die Wirkung des Hasses allein durch die übersinnliche Kraft der Gefühle zu erzielen sei, oder ob man konkrete Zauberhandlungen voraussetzte, geht allerdings aus den Texten nicht eindeutig hervor. Für letztere Möglichkeit sprechen folgende Belege: HUL.GIG šá te-pu-šá-ni "der Haß, den ihr gemacht habt" (Maqlû V 61); DIŠ MUNUS Ú.HI.A ze-ru-te šu-ku-ul (für šukulat!) "Wenn eine Frau Drogen der Gehässigkeit zu essen bekommen hat" (BAM 237 IV 29). Eher als ein spezifisches Zauberritual scheint "Haß" die "causa efficiens" von Schadenzauber zu sein: böse, schädliche Drogen, die wegen Gehässigkeit verabreicht wurden, vielleicht auch zum Zweck, jemanden verhaßt zu machen.

(e) qāt amēlūti (ŠU NAM.LÚ.U18.LU), "Hand der Menschheit",

kommt u.a. in Diagnosen von Krankheiten vor, die durch menschliches Einwirken, nicht jedoch von Göttern, Dämonen oder Totengeistern verursacht sind. Ob der Ausdruck "seine Krankheit (ist) Hand der Menschheit" (GIG-su ŠU NAM.LÚ.U18.LU), bedeutungsgleich mit "dieser Mann ist behext" (NA BI ka-šip, passim in medizinischen Texten) ist, bleibt unklar (12).

(f) zikurudû schließlich bezeichnet eine Art von Schadenzauber, die sich einer speziellen Technik bedient. Dem sumerischen zi ku5-ru-da, etwa "Lebensabschneidung", entlehnt, kann es wahrscheinlich mit tödlich wirkendem Zauber in Zusammenhang gebracht werden. Die speziellen Methoden und Verfahren des zikurudû-Zaubers sowie seine Symptome und die apotropäische Reaktionen werden unten getrennt behandelt.

Sumerische Ausdrücke für Schadenzauber

Obwohl sich diese Untersuchung vor allem mit den akkadischen Quellen der mittel- und neuassyrischen Zeit befaßt, scheint es notwendig, auch auf die sumerischen Bezeichnungen für Zauber einzugehen.

Außerhalb der sumerischen Beschwörungen sind uš11, níg.ak.a und hul.gig in der sumerischen Literatur selten, niemals aber in der Bedeutung von "Zauberei" belegt (13). Belege für zi.ku5.ru.da im sumerischen Kontext sind mir unbekannt. Die Schreibweise von uš11 (KA "Mund" mit einem eingeschriebenen BAD, das auch úš, "sterben", gelesen werden kann) deutet auf den semantischen Inhalt des sumerischen Wortes: "etwas böses, tödliches, das aus dem Mund kommt": "Gift, Geifer" (14). Die Belege mit uš11 in den sumerischen literarischen Texten stehen auch nicht mit schwarzer Magie in Zusammenhang, sondern bezeichnen ausschließlich den Geifer von Schlangen oder Löwen, z.B. ur.mah galam è kur-re uš11 sum-mu "(Ninazu ist) ein Löwe, der, indem er aufspringt(?), Geifer über das Bergland ausgießt" (15).

Dennoch war Zauberei den Sumerern sicherlich nicht fremd,

wie etwa aus dem Epos Enmerkar und Ensuhkešdanna hervorgeht, in dem ein maš.maš und eine alte Frau um die Wette zaubern, nachdem zuerst die Milch der Haustiere durch Zauberei verdorben worden war (16). Die wenigen sumerischen Kontextbelege für Zauberei können jedoch auch darauf hinweisen, daß in früheren Perioden eine andere Auffassung von Schwarzer Magie herrschte.

Listen mit Bezeichnungen für Schadenzauber

Die Beschwörungen gegen Zauberei fassen in bisweilen langen Katalogen oft mehrere Ausdrücke zusammen, die eine mehr oder weniger feste Reihenfolge besitzen, z.B.: [...] kiš-pí ru-he-e ru-se-[e] up-ša-še-e HUL.MEŠ NU DÙG.GA ša NAM.LÚ.LU DI.BAL.LA HUL.GIG KA.DAB.BI.DA.KE4 zi-ku5-ru-dè-e ša a-wi-lu-tim ša EN ik-ki-ja ša ⟨EN⟩ ṣi-ri-ia usw. (PBS I/2, 121: 3-7, Beschwörung); [ana i]a-a-ši kiš-pi ru-he-e ru-se-e up-[ša-še-e KI.ÁG].GÁ HUL.GIG DI.BAL.A ZI.KU5.RU.DA.A KA.DIB.BI.DA.A [...] ŠÚR.HUN.GÁ IGI.NIGIN.NA ÍD.GUR.R[A É].GAL.KU4.RA mi-qit ṭè-mi ši-ni-it ṭè-me ŠU (d)INANNA ŠU DINGIR.RA ŠU GIDIM.MA ŠU NAM.LÚ.U18.LU ŠU NAM.ERIM2.MA (d)ALAD HUL-tim SAG.HUL.HA.ZA mu-kil SAG HUL-tim iš-ku-nu-nim-ma (W.G. Lambert, AfO 18 S. 289ff. Z. 11-15).

Als weiteres Beispiel könnte BMS 12, ein Beschwörungsritual an Marduk, dienen. Hier wird der Gegenstand des Rituals, nämlich Zauberei usw., mehrmals mit erheblichen Abweichungen aufgezählt. Der Text ist überschrieben: ana HUL.GIG DI.BAL.A ZI.KU5.RU.DA KA.DIB.BI.DA KA.HI.KÚR.RA ana LÚ NU TE, "Damit Haß, Rechtsverdrehung, zikurudû, Mundlähmung (und) Wankelmut(?) (17) sich dem Menschen nicht nähern" (Z. 1). Im Gebet an Marduk heißt es dann: (Z. 62) mim-ma lem-nu ú-piš kaš-šá-pi u kaš-šap-ti (63) (a-a TE-ni) UŠ11 UŠ11 UŠ11 NÍG.AK.A.MEŠ HUL.MEŠ ŠÁ LÚ.MEŠ (64) (a-a TE-a) HUL MÁŠ.GI6.MEŠ A.MEŠ GISKIM.MEŠ ša AN-e u KI-tim (65) HUL GISKIM URU u KUR (a-a KUR-ni iá-ši), "Jegliches Böse, Handlungen des Zauberers und der Zauberin, Zauberei, Bezauberung, "Befeuchtung" (und) böse Machenschaften der Menschen mögen sich mir nicht nähern, Böses von Träumen, von Zeichen und Omina vom Himmel und Erde, Böses von Omina von der Stadt und dem Berg mögen sich mir nicht nähern." Schließlich steht in der das Ritual abschließenden Beschwörung: (Z. 106) kiš-pi ru-ḫe-e ze-ru-ti (107) šib-šat DINGIR u (d)IŠ8.TÁR a-we-lu-ti (108) [e tam(?)]-ḫur ZI.KU5.RU.DA DI.BAL.A KA.DIB.BI.DA (109) [e tam-ḫur(?)] ú-piš kiš-pi lem-⌈nu⌉-ti , "Zauberei, Bezauberung, Haß, Zorn des Gottes und der Göttin (und) der Menschen, zikurudû, Rechtsverdrehung, Mundlähmung sollst du nicht annehmen, die Handlungen des bösen Zaubers sollst du nicht annehmen!" (18).

Einige dieser Bezeichnungen wie z.B. ŠÚR.HUN.GÁ "Besänftigung des Zornes", IGI.NIGIN.NA "Schwindelgefühl", É.GAL.KU4.RA "Eintreten in den Palast" oder ŠU GIDIM.MA "Hand des Totengeistes" haben zwar nichts mit Zauberei zu tun, doch in der Beschwörung will man alle Eventualitäten aufführen, um sie so effektiv wie nur irgendwie möglich zu machen. In anderen Fällen handelt es sich nicht um selbständige Formen von Zauberei, möglicherweise jedoch um Begleiterscheinungen oder um Phänomene, die als Ergebnis von Schadenzauber aufgefaßt wurden, so z.B. DI.BAL.A "Rechtsverdrehung", KA.DIB.BI.DA "Mundlähmung". Genauere Beschreibungen dieser beiden letzten Begriffe und deren Symptome geben die Texte nicht, aber neben kišpu, ruḫû, rusû, upšašû lemnūti und seltener zēru und zikurudû fehlen sie selten in solchen Aufzählungen; andere Bezeichnungen hingegen sind austauschbar oder können wegfallen.

Zauberer und Zauberin

Die Fachtermini für Zauberer und Zauberin sind kaššāpu (LÚ.UŠ11.ZU), kaššāptu (MUNUS UŠ11.ZU), ēpišu, ēpištu, muštēpišu, muštēpištu, stammen also von den Verben kašāpu "zaubern" und epēšu "machen, (ein Zauberritual) ausführen".

Identität

In der Gegenzauberliteratur bleibt die Person des Zauberers, bzw. der Zauberin, weitgehend anonym und scheint letztlich ziemlich unwichtig zu sein. So wie Texte mit Zauberanleitungen fehlen, gibt es aus dieser Zeit auch keine Belege dafür, daß eine bestimmte Person als Zauberer oder Zauberin bezeichnet wird. Sowohl in Ritualanweisungen wie in medizinischen Texten wird nirgendwo eine Methode dargelegt, mit der man den Zauberer identifizieren könnte; daher ist anzunehmen, daß die Enthüllung des Zauberers für den Erfolg des Heilverfahrens oder die Durchführung eines Rituals ohne Bedeutung war.

Die Anonymität der Zauberin (oder des Zauberers) ist der durchgehende Topos in Maqlû, wo mehrere Beschwörungen mit der Formel beginnen: "Wer bist du, Zauberin?" (at-ti man-nu MUNUS.UŠ11.ZU) (19), ferner: "Wer bist du, wessen Sohn, wer bist du, wessen Tochter, die ihr dasitzt und eure Hexereien und Machenschaften gegen mich zaubert?" (20). Die oft wiederholte Frage zeigt jedoch den Wunsch, den Zauberer zu kennen; aber dieser Wunsch bleibt wohl meistens unerfüllt. Häufig begegnet auch die Feststellung, daß - obwohl der Mensch die Zauberer nicht zu benennen weiß - Gott sie kennt: "Richter Nusku, du kennst sie, ich (aber) kenne sie nicht" (21). Die gleichen Vorstellungen finden wir in einer mit Maqlû vergleichbaren, aber selbständig überlieferten Beschwörung: "Deine große Gottheit (Šamaš) kennt sie, kein anderer Gott kennt sie; du kennst sie, ich (aber) kenne sie nicht" (22).

Diese Anonymität des Zauberers ist bemerkenswert. Unmittelbar würde man annehmen, daß derjenige, der glaubt, er sei behext, seinen Verdacht gegen jemanden richtet, den er haßt, mit dem er in Streit lebt usw. Völlige Unwissenheit in Bezug auf Personen, die ihm zu schaden versuchen, scheint wenig logisch. Paragraph 2 des Codex Hammurapi und Paragraph 47 der mittelassyrischen Gesetze (23) deuten allerdings darauf, daß es in Mesopotamien solche Verdachtsmomente gegeben hat, und daß für sie ein Gerichtsverfahren vorgesehen war, obwohl Gerichtsprotokollen über tatsächliche Prozesse wegen Zauberei nicht bekannt sind. Daß sich die Beschwörungen mit der Frage der Identität nicht auseinandersetzen, deutet vielleicht darauf hin, daß die Heilung mit Hilfe eines Rituals oder einer Medizin und ein eventueller Prozeß und die Verurteilung zwei völlig getrennte Bereiche waren. Andererseits könnte dies aber auch bedeuten, daß man sich insgesamt kaum mit der Schuldfrage beschäftigte, weil es gesellschaftlich nicht erlaubt oder wenig gut gelitten war, solche Anklagen zu erheben; denn sie waren schwer nachprüfbar, wie den mittelassyrischen Gesetzen zu entnehmen ist. Einerseits könnte man mit einer falschen Anklage den Kontrahenten beleidigen und dadurch vielleicht noch mehr Feindschaft und Böses auf sich ziehen, andererseits bestand - zumindest laut Codex Hammurapi - die Gefahr, sich selbst der Strafe unterziehen zu müssen (in diesem Fall die Todesstrafe), falls der Angeklagte durch das Flußordal freigesprochen wurde.

Gegen die völlige Anonymität des Zauberers sprechen dennoch

einige wenige Belege, so ein Namburbi-Ritual, das mit Figuren ausgeführt wird, auf deren linke Schulter die Namen des Zauberers, bzw. der Zauberin geschrieben werden; näher geht das Ritual darauf nicht ein (24). Dies scheint zu bedeuten, daß - wenigstens in einigen Fällen - die Identität in irgendeiner Form bekannt war oder vermutet wurde. Wir wissen jedoch nicht, ob dies immer zutraf oder ob es sich um eine Ausnahme handelte. In den häufig erwähnten Fällen, in denen ein Mann von seinem (Prozeß-)Gegner Zauberei befürchtet, ist der Name natürlich dem Bezauberten bekannt (25). Wahrscheinlich wurde diese Vermutung nicht öffentlich ausgesprochen, sondern nur innerhalb des Rituals zum Ausdruck gebracht.

Schließlich ist zu berücksichtigen, daß das Material, das weitgehend aus dem königlichen Archiv in Ninive stammt, als Schutzmaßnahme vor allem für den König selbst gedacht war. Maqlû z.B., das die Zauberer immer wieder als anonyme Verursacher darstellt, ist eine Sammlung von Beschwörungen, die alle in einem Ritual nacheinander, und dabei gewisse rituelle Handlungen begleitend, rezitiert wurden. Dieses Ritual führte man wahrscheinlich im Monat Abu am Tage des Verschwindens des Mondes durch (26), und es muß daher wohl als eine regelmässig wiederkehrende Schutzvorrichtung angesehen werden, die eher apotropäisch und für alle Fälle ausgeführt wurde, als in Momenten einer konkreten Verdachtsituation. Man nahm möglicherweise auch an, daß der König viele Feinde besäße, die er nicht alle kenne; die Gegenzauberrituale schützten ihn dann, wie Namburbi, Šurpu und viele andere Rituale, gegen jede denkbare bekannte wie unbekannte Gefahr.

In anderen Kulturen wurde oft beobachtet, daß Zaubereianklagen gegen Familienmitglieder am häufigsten auftreten (27), da sich wohl die meisten Konflikte innerhalb der Familie selbst abspielen. Dies steht in Kontrast zum mesopotamischen Material, wo solche Zaubereivorwürfe mit Ausnahme des am Ende dieses Kapitels genannten Falles nicht belegt sind.

Übrigens bleiben nicht nur Zauberer oder Zauberinnen anonym, auch die krankheitsbringenden Dämonen oder Totengeister können dem Kranken oder dem Beschwörer unbekannt sein, so z.B.:

> "Die Krankheit, die ich habe, kennst du (Šamaš), ich (aber) kenne sie nicht, und keiner weiß, ob es ein Totengeist meiner Familie ist, der gegen mich ist, oder ein fremder Totengeist, ein Übeltäter (Dämon) oder ein mörderischer Dämon" (28).

Geschlecht

In vielen Beschwörungen, vor allem in Maqlû, werden maskuline und feminine Nomina für Zauberer und Zauberin paarweise gebraucht. Die gleichzeitige Erwähnung beider Geschlechter hängt wohl damit zusammen, daß man möglichst alle Eventualitäten berücksichtigen will. In §2 des Codex Hammurapi wird nur die maskuline Bezeichnung verwendet, während die mittelassyrischen Gesetze männliche und weibliche Zauberer bezeugen. Sowohl Männer wie Frauen geraten also in den Verdacht der Zauberei; Frauen als Zauberinnen und Hexen sind jedoch in den Beschwörungen insgesamt öfters genannt (29); vgl. hierzu auch folgende Angabe aus einer spätbabylonischen Rezeptsammlung:

> "Damit die Zauberei seiner Frau den Mann nicht erreichen soll" (30).

Nationalität

In einer Maqlû-Beschwörung wird die Zauberin als Gutäerin, Elamiterin und Hanigalbatäerin charakterisiert, in der folgenden außer diesen drei Zuordnungen auch als Sutäerin und Lullubäerin (31). Den Ausschlag hierfür gab nicht nur wiederum der Wunsch, alle Möglichkeiten zu berücksichtigen, sondern auch die Auffassung, daß Frauen (oder Männer) aus diesen Gegenden als besonders zauberkundig angesehen wurden. Es handelt sich zudem um Vorurteile gegenüber diesen Fremden (32).

Beschreibungen

Obwohl die Identität der Zauberer nicht festgelegt wird, gibt es in den Beschwörungen oft längere Beschreibungen dieser Personen mit Aufzählungen von Berufen, Techniken, Orten und Zeiten, wie, wo und wann gezaubert wurde, ebenfalls dem Prinzip folgend, alle Möglichkeiten zu erwähnen, um dadurch das zu bekämpfende Übel zu treffen, auch wenn es per se unbekannt war. Es handelt sich hier also nicht um exakte Beschreibungen konkreter Personen, sondern vielmehr um generelle Charakteristiken, um den Prototyp eines Zauberers oder einer Zauberin. Aus solchen Texten geht hervor, wie man sich im allgemeinen einen Zauberer vorgestellt hat; dennoch bleibt das Bild vage.

Am häufigsten finden sich solche Beschreibungen in den Beschwörungen der Maqlû-Serie. In den meisten Fällen enthalten sie Kataloge über alle denkbaren Bezeichnungen für Gegner und übelgesinnte Menschen, so z.B. Maqlû I 73-86, wo folgende Bezeichnungen paarweise maskulin und feminin aufgezählt werden: ēpišu, kaššāpu, das Paar ēpišu und muštēpištu, sāhiru "umkreisend", rāhû "ergießend", bēl ikki "Herr der (bösen) Stimmung", bēl serri "Herr der Feindschaft", bēl rīdi "Herr der Verfolgung", bēl dīni "Herr des Prozesses", bēl amāti "Herr des (bösen) Wortes", bēl dabābi "Herr des (bösen) Sprechens", bēl egerrî "Herr der (bösen) Äußerung", und bēl lemutti "Herr des Bösen". Dieser Katalog endet mit der oben zitierten Anrede an Nusku: "Du kennst sie, ich kenne sie nicht" (33).

Anders strukturiert ist die Beschwörung kaššāptu nērtānītu "Mörderische Zauberin" (Maqlû III 40-61), die vor allem gegen eine Zauberin gerichtet ist. Hier tauchen Bezeichnungen verschiedener "Frauen-Klassen" wie z.B. qadištu, nadītu, ištarītu und kulmašītu auf. Ob man diese Frauen allgemein mit Zauberei in Verbindung gebracht hat, ist fraglich; wiederum könnte es sich um das bereits erwähnte Prinzip der Vollständigkeit handeln. In der fraglichen Beschwörung werden außerdem elēnītu, naršindatu, qumqummatu und aguglītu genannt. Die genaue Bedeutung dieser Bezeichnungen ist unbekannt, weiterreichende Folgerungen über der Charakter der Zauberin daher unmöglich (34).

Zauberauftrag

Des öfteren wird erwähnt, daß jemand einer Zweitperson den Auftrag zur Durchführung eines Zaubers gegeben hat. Daraus kann man schließen, daß schwarze Magie, zumindest in einigen ihrer Erscheinungsformen, als ein komplizierter Vorgang galt, der ein gewisses Können und Wissen voraussetzte, über das kein Laie verfügte. Als Fachmann scheint vor allem der Beschwörer (āšipu) zu gelten. Wer Rituale gegen Zauberei ausführen kann, muß also auch selbst im Stande sein, Zauberrituale auszuführen; außer dem Beschwörer werden eššebû, eššebûtu "Ekstatiker(in)" und mušlahhu, mušlahhatu "Schlangenbeschwörer(in)" in Maqlû in der oben bereits erwähnten Beschwörung kaššāptu nērtānītu als Zauberer genannt (35). Auf den Zauberauftrag wird in einer anderen Maqlû-Beschwörung angespielt: "Die zur Zauberin gesagt hat: 'Bezaubere!'. Die zur Hexe gesagt hat: 'Behexe!'" (36).

Identifizierung des Zauberers und gerichtliches Verfahren

Es wurde bereits nachgewiesen, daß die Identifizierung und die Konfrontation mit einer der Zauberei verdächtigten Person keine Voraussetzung für Heilung oder Abwehr bildete - wenigstens nicht in der mittel- und neuassyrischer Zeit, aus der die Quellen stammen. Zusätzlich zur Durchführung eines Abwehrzaubers oder einer medizinischen Behandlung, bei welcher der Bezauberte im Mittelpunkt steht, bestand aber auch die Möglichkeit, ein Gerichtsverfahren gegen denjenigen einzuleiten, dem man Zauberei nachsagte. Dies ist sowohl im altbabylonischen Codex Hammurapi wie in den mittelassyrischen Gesetzen bezeugt. Im gesellschaftlichen Kontext muß folglich Zauberei als ein kriminelles und unerwünschtes Phänomen angesehen werden, da beide Gesetzessammlungen Zauberei als ein Kapitalverbrechen betrachteten.

Codex Hammurapi §2 ist im strengen Sinne kein Gesetz gegen Zauberei selbst, sondern gegen eine nicht gerechtfertigte Anklage wegen Zauberei; nur indirekt läßt sich dabei erschließen, daß Zauberei mit dem Tode bestraft wurde:

> "Wenn ein (freier) Mann einen (anderen freien) Mann wegen Zauberei anklagt, dies jedoch nicht bezeugt, so wird derjenige, der wegen Zauberei angeklagt ist, zum Fluß gehen und in den Fluß eintauchen. Wenn der Fluß sich seiner bemächtigt, soll derjenige, der ihn beschuldigt hat, sein Haus nehmen. Wenn der Fluß diesen Mann reinigt, und er heil zurückkommt, dann soll derjenige, der ihn wegen Zauberei angeklagt hat, getötet werden. Derjenige, der in den Fluß eingetaucht ist, soll das Haus desjenigen, der ihn beschuldigt hat, erhalten" (37).

Diese Bestimmung zeigt auch, daß es kaum Möglichkeiten gab, die Schuldfrage gerecht zu entscheiden, wenn Zeugen für die Zauberhandlungen fehlten. Nur das Ordal konnte feststellen, wer schuldig war. Dadurch wäre es verständlich, wenn ein Bezauberter mit dem Vorbringen einer konkreten Anklage zögern und sich mit einem Heilungsritual begnügen würde, in dem der Name des Zauberers entweder gar nicht genannt zu werden brauchte, oder in dem das Aussprechen eines konkreten Verdachts keine Folgen für den Kläger besäße.

In den mittelassyrischen Gesetzen §47 ist ebenfalls die Todesstrafe für Zauberei vorgesehen, hier aber wird das Verfahren genauer beschrieben. Um den Angeklagten zu verurteilen, bedarf es einer Reihe von Beweisen. Entweder muß der Täter auf frischer Tat ertappt werden, oder es haben Augenzeugen zur Verfügung zu stehen, die sorgfältig befragt, ge-

prüft und deren Aussagen beeidigt werden müssen. In diesem
Zusammenhang ist es interessant, daß der Beschwörer (āšipu)
den Zeugen zum Sprechen bringen soll, wenn er seine Aussage
zurücknimmt; leider ist jedoch der Kontext nicht völlig
klar:

> "Wenn ein Mann oder eine Frau Zauberei verübt haben und
> sie sind an ihren Händen gepackt (d.h. auf frischer Tat
> ertappt) worden, (und wenn dieser Tatbestand) genau
> festgestellt und bewiesen worden ist, soll der Ausübende
> der Zauberei getötet werden. Ein Mann, der die
> Ausführung von Zauberei sieht (oder) davon aus dem Mund
> eines Zauberei-Augenzeuges erfährt, der ihm sagt: 'Ich
> habe es gesehen', dieser Mann nun, der es gehört hat,
> soll gehen (und) es dem König sagen. Wenn der Augenzeuge
> das, was er dem König gesagt hat, abstreitet, soll er
> vor dem Stier, dem Sohn Šamaš, folgendermaßen sprechen:
> 'Er hat mir bestimmt so gesagt'. (Dann) ist er frei. Den
> Augenzeugen, der es gesagt und abgestritten hat, soll
> der König, wenn er will, ausfragen und seine Absichten(?
> wörtl. Rückseite) prüfen. An dem Tag, an dem er die
> Reinigungen ausführt, soll der Beschwörer den Mann
> sprechen lassen, und er (der Beschwörer) soll sagen:
> 'Vom Eid, den Du dem König und seinem Sohn geschworen
> hast, wird er Euch nicht lösen. Entsprechend dem Wort-
> laut der Urkunde, den Du dem König und seinem Sohn ge-
> schworen hast, bist Du beschworen!'" (38).

Es gibt m.W. nur einen einzigen Fall, in dem Personen vor
Gericht als Zauberinnen bezeichnet werden, wobei es sich
nicht einmal eindeutig um eine tatsächliche Zaubereianklage
handelt. Dieser bemerkenswerte Vorfall aus der altbabylo-
nischer Zeit ist durch zwei Urkunden bezeugt; zusammen mit
drei anderen, dieselben Frauen betreffenden und vermutlich
zum gleichen Fall gehörenden Texten wurden sie von S.D.
Walters herausgegeben (39). Der Fundort der Texte ist nicht
bekannt, der Vorfall spielt sich aber vermutlich in einer
kleinen Stadt namens Laliya, wahrscheinlich in der Nähe von
Sippar, ab.

Ein Mann, Ili-iddinam, erklärt vor Gericht, daß er seinem Sohn, Ur-Šubula, 30 Gur Saatkorn gegeben habe. Anstatt selbst das Feld zu bestellen, überläßt der Sohn das Saatkorn einem Landpächter (errēšum). Als Ili-iddinam später mit dem Pächter spricht, offenbar um seinen Anteil als ursprünglicher Besitzer des Saatkorns zu erhalten, wird er von diesem respektlos behandelt (40), worauf er zum Bürgermeister und zu den Stadtältesten geht. Vor ihnen sagt er wörtlich zu seinem Sohn: "Ich will deiner Frau und deiner Schwiegermutter, deinen Zauberinnen, eine Ende setzen!" (41). Daraufhin entgegnet der Sohn: "Ich will deiner Zauberin eine Ende setzen!" (42). Danach wendet sich Ili-iddinam an die Richtern, die diesen Fall in einem Brief oder einer Notiz dem Bürgermeister (rabiānum) von Laliya referieren (NCBT 1859). Ein weiterer Text (NCBT 1880) beschäftigt sich mit dieser Sache, das Urteil ist allerdings unbekannt. Die weiteren drei von Walters behandelten Texte erwähnen zum Teil die gleichen Personen wie die ersten beiden Texte; ob sie sich auf den gleichen Fall beziehen, kann jedoch nicht mit Sicherheit festgestellt werden.

Interessant erscheint hier die Frage, wie es zu der Anschuldigung wegen Zauberei kommen konnte. Anscheinend glaubt Ili-iddinam, der Vater, daß die Frau und Schwiegermutter seines Sohnes ihn beeinflußt hätten, gegen ihn zu handeln (43). Die Äußerung "deine Zauberinnen" könnte vielleicht als Schimpfwort betrachtet werden. Wahrscheinlich aber unterscheidet Ili-iddinam nicht streng zwischen schlechtem Einfluß und Verhexen; der Umstand aber, daß die Aussage in dem äußerst knappen Referat trotzdem - offensichtlich wörtlich - aufgezeichnet wurde, deutet andererseits daraufhin, daß die Beschimpfung oder Anschuldigung als sehr ernst betrachtet und sogar zum Kernpunkt des Streites wurde.

Die Methoden der Schwarzen Magie

Wie bereits ausgeführt, gibt es aus Mesopotamien keine Anweisungen zur Schwarzen Magie; hingegen vermitteln die Gegenzauber-Texte zahlreiche Andeutungen, wie man sich die Zaubertechniken vorstellte. Dabei kann man zwischen direktem und indirektem Zauber trennen. Direkter Zauber liegt z.B. bei Verabreichung verhexter Speisen und Getränke oder bei Berührung mit Zaubermitteln wie etwa verhextem Salböl vor, indirekter bei der zauberischen Anwendung von Objekten, die von der betreffenden Person stammen oder ihr gehört haben: Haare, Fingernägel, Sperma, Kleidungsstücke, Schuhe usw.; mit anderen Worten: man kann entweder die Person mit etwas Verhextem in Berührung bringen oder mit Kontaktgegenständen Zauber ausführen. Daß dieser als wirksam angesehen werden könnte, ohne eine direkte Verbindung mit dem Opfer herzustellen, ist wenig wahrscheinlich; eine Ausnahme stellt allenfalls der böse Blick dar, wobei das Anblicken als eine Kontaktsituation angesehen werden darf. Dennoch wird in Mesopotamien direkter und indirekter Zauber nicht immer getrennt oder genauer spezifiziert; die Beschwörungen können beide gemeinsam nennen, wie auch der Abwehrzauber die gleichen Behandlungen vorschreibt.

Direkter Zauber

Medizinische Texte geben die Einnahme verhexter Speisen oder Getränke nicht selten als Ursache für eine Erkrankung, speziell Magenkrankheiten, an. Die Therapie zielt auf eine Entfernung der Zaubersubstanzen durch Brechmittel oder Klistiere, eventuell auf eine Neutralisierung durch andere Arten von Medizin, wie aus folgenden Beispielen ersichtlich wird:

> "Wenn ein Mensch - sein Epigastrium hat immer wieder Auswurf, sein Epigastrium brennt, Tag und Nacht schläft er nicht, er kann nichts essen oder trinken (und) sein Fleisch ist "hingeschüttet", dann hat dieser Mensch Zauber gegessen oder getrunken" (44).

Die Therapie besteht aus gestoßener arīhu (eine Pflanze) in "ausgepreßtem Wein", die Mischung wird sowohl oral wie anal verabreicht (45). Eine fast identische Diagnose findet sich in BAM 190, 22-24, allerdings unterscheidet sich das Rezept: das Brechmittel besteht aus gestoßenem hašû (Thymian?), tullal (ein Seifenkraut) und sikillu in Bier (46). Anders lautet die Rezept für eine Frau, der "Kräuter des Hasses zu essen gegeben worden sind und aus deren Vagina viel Flüssigkeit austritt" (47); zur Behandlung des Leidens wird eine Art Tampon in die Vagina eingeführt.

In einer Beschwörung gegen Zauberei findet sich folgende Beschreibung: "Eine Zauberin hat mich mit ihrer bösen Zauberei bezaubert, mir ihre unguten Zaubereien essen, ihr böses Gift trinken lassen, mich mit unreinem Wasser gewaschen" (48). Vergleichbar heißt es in Maqlû: "(Die Zauberer und Zauberinnen), die mir bezauberte Speisen zum Essen, mir bezaubertes Wasser zum Trinken gegeben, mich mit unreinem Wasser gewaschen, mich mit Salbe aus bösen Kräutern gesalbt haben" (49). Wie diese Belege zeigen, genügt zur Bezauberung allein der äußerliche Kontakt mit Zaubersubstanzen wie verhextem Salböl oder Waschwasser: "Dieser Mann ist verhext, er ist mit latāku-Öl gesalbt worden" (50).

Die Texte geben keine Hinweise über die Zubereitung und die Ingredienzien der verhexten Speisen, Getränke usw. Als wahrscheinlich kann gelten, daß die Gegenstände kraft Rezitation einer Beschwörung zu Zaubersubstanzen wurden, wie es etwa aus der Praxis des Liebeszaubers hervorgeht, so in KAR 61, 8-10, wo eine Beschwörung über einen Apfel oder einen Granatapfel gesprochen werden soll, der dann einer Frau zum Essen gegeben wird, damit sie in den Beischlaf einwilligt (51). In einem ähnlichen Text wird eine Beschwörung über Bier rezitiert (52). Obwohl der Liebeszauber nicht unbedingt als schädlich betrachtet wird - es hängt von äußeren Umständen ab, ob man die damit erzielte Verbindung als positiv oder negativ ansieht - repräsentiert er dennoch eine Zauberpraktik, die am ehesten mit Schwarzer Magie vergleichbar ist, da es sich in beiden Fällen um Manipulierung von Individuen handelt, die gegen ihren Willen und, unter Umständen, auch gegen ihre Interessen zur Ausführung einer Handlung gezwungen werden.

Indirekter Zauber

Die Verfahrensweisen des indirekten Zaubers scheinen komplizierter und vielfältiger zu sein als die des direkten Zaubers. Jedenfalls bieten die Gegenzauber-Beschwörungen zahlreichere und ausführlichere Auskünfte über die Methoden. Diese Form des Zaubers scheint zudem gefährlicher und wirkungsvoller zu sein; die großen Gegenzauber-Rituale richten sich nämlich vor allem gegen indirekte Zaubermethoden. Allerdings können beide Formen des Zaubers auch im gleichen Kontext erwähnt sein (53).

Zentraler Bestandteil des indirekten Zaubers ist ein Ritual, das mit Hilfe von Objekten, die vom Opfer stammen, oder mit Figuren, die das Opfer vergegenwärtigen, ausgeführt wird. Man stößt häufig auf den Vorwurf, die Zauberer hätten sich abgeschnittene Fingernägel, Haare, ein Stück Kleidung, Staub von den Fußspuren des Opfers u.a. mehr beschafft. Obwohl nie ausdrücklich erwähnt, kann man davon ausgehen, daß die genannten Gegenstände zur Verdeutlichung der Identität der Zauberfiguren dienen und sie hierfür entweder dem Material, z.B. Ton, beigemischt oder irgendwie an den Figuren befestigt wurden (54). Unklar bleibt, ob sie allein, ohne Anfertigung von Figuren, für ein Ritual zur Erzielung des magischen Effekts reichen könnten. Gemäß einem Ritual aus Boğazköy gegen die Krankheit "li'bu des Berges", das allerdings nichts mit Zauberei zu tun hat, wird eine Eselsfigur aus einer Mischung aus Ton und Eselurin modelliert, an ihren Schwanz die Schwanzhaare eines Esels befestigt; zudem wird aus Ton, Urin, Haare und abgerissenen Fingernägeln des Kranken eine Figur angefertigt, die den Kranken darstellt (55).

Die Beschwörungen erwähnen häufig die Materialien für die Herstellung von Figuren, so z.B.:

> "(Die Zauberin), die Figuren entsprechend meinen Figuren angefertigt, die meine Gestalt nachgebildet, meinen Speichel genommen, meine Haare gerauft, meinen Gewandsaum abgeschnitten, die beim Vorübergehen die Erde unter meinen Füßen eingesammelt hat" (56).

> "Wer bist du Zauberin, die aus dem Fluß meinen Ton genommen(?), die meine Figuren in einem dunklen Haus begraben, in ein Grab mein Wasser ausgeschüttet, die von den Löchern meine Splitter (57) gesammelt, die im Haus des Wäschers [meinen Gewandsaum] abgeschnitten, die von der Türschwelle die Erde [unter meinen Füßen] eingesammelt hat" (58).

> "(Die Zauberer) haben meine Haare gerauft, meinen Gewandsaum abgeschnitten, meinen Speichel genommen, die Erde unter meinen Füßen eingesammelt, die Maße meines Körpers gemessen, sie haben Figuren von mir gemacht, sei es aus Tamariskenholz, Zedernholz, Schaffett, Wachs, Trester, Bitumen, Ton, Teig, šeguŝu-Teig oder sei es aus geröstetem Teig" (59).

Die gleiche Vorstellung findet sich in einem Omen: "Eine Zauberin wird vom Haus eines Menschen den Staub von den Fußspuren dieses Menschen immer wieder für Zauberei nehmen" (60).

Etwas anders stellt sich die Zaubermethode in einer sumerischen Beschwörung aus Boğazköy (61) dar, wonach die Hexe eine Tonfigur angefertigt, sie mit Haaren des Opfers umwickelt, dann eine Beschwörung darüber gesprochen (so der sum. Text: KAxLI i-ni-in-dug$_4$, Var. -dé), bzw. Speichel darauf getan (akkad. Text: ru-uh-tam id-di-ma) und sie schließlich vergraben haben soll (Z. 3-7). Außerdem wird sie als jemand geschildert, der geiferspritzend umherläuft (Z. 2: KAxLI-zu KAxLI ri-a šu dag-dag-[ge] = ki-iš-pu ru-hu-ú it-t[a-na-ar-pu-du]). Hier scheint also der Speichel der Zauberin und nicht der des Opfers das Zaubermittel zu sein (62).

Die Zauberhandlungen

Nicht die Aneignung der verschiedenen Substanzen des Opfers oder die Herstellung seines Ebenbildes bildet den Kern des Schadenzauberrituals, sondern die mit den Gegenständen verbundene Zauberhandlung. Hier scheint es zwei Methoden gegeben zu haben: (1) Die Figuren werden vernichtet: Wachsbilder werden geschmolzen, Teigbilder Tieren zum Fressen vorgeworfen, Tonfiguren im Wasser aufgelöst, Holzfiguren verbrannt usw. (2) Die Figuren oder vom Opfer stammende Substanzen wie Sperma werden versteckt oder begraben, bzw. beerdigt, bisweilen sogar unter Ausführung eines (nachgeahmten) Bestattungsrituals. Beide Prozeduren sollen die Vernichtung, bzw. den Tod des Opfers herbeiführen. Sie ähneln dem Verfahren des Abwehrzaubers, bei dem den Zauberer repräsentierende Figuren fast immer zerstört werden, um die magische Bindung aufzulösen. Die verschiedenen Zaubermethoden werden öfters, teilweise sehr ausführlich, in den Beschwörungen aufgelistet, so z.B.:

"Ihr (die Zauberinnen) habt mich zum Gatten für einen Leichnam erwählt, ... (63), ihr habt mich einem Totenschädel übergeben, mich einem Totengeist meiner Familie übergeben, mich dem Totengeist eines Fremden übergeben, mich einem umherstreifenden Totengeist, der keinen Pfleger hat, übergeben, mich einem Totengeist von öden und verlassenen Orten übergeben, mich der Steppe, dem offenen Land und der Wüste übergeben, mich der Mauer und dem Mauersockel übergeben, mich der Herrin der Steppe und des offenen Landes übergeben, mich dem Röstkornofen, dem Backofen, dem Kohlenbecken und dem Blasbalg übergeben, ihr habt Figuren von mir einer Leiche übergeben, Figuren von mir als Gatten für einen Leichnam erwählt, Figuren von mir zu einer Leiche gelegt, Figuren von mir im Schoß eines Leichnams vergraben, Figuren von mir einem Totenschädel übergeben, Figuren von mir in der Mauer verschlossen, Figuren von mir auf der Türschwelle niedergelegt, Figuren von mir im Mauerdurchlass verschlossen, Figuren von mir auf der Brücke begraben, damit die Leute sie zertreten, in der Rohrmatte des Wäschers habt ihr ein Loch geöffnet und Figuren von mir (dort) begraben, im Deich des Gärtners habt ihr ein Loch geöffnet und sie (dort) begraben, ihr habt Figuren von mir aus Tamariskenholz, Zedernholz, Schafsfett, Wachs, Trester, Bitumen, Lehm oder Teig, Nachbildungen meines Gesichts und meiner Gestalt gemacht und sie einem Hund zum Fressen gegeben, einem Schwein (oder) einem Vogel des Himmels zum Fressen gegeben, sie in den Fluß geworfen, Figuren von mir der Lamaštu, der Tochter des Anu, übergeben, Figuren von mir dem Girra übergeben, mein Wasser neben eine Leiche gelegt, mein Wasser im Grab eines Leichnams begraben, mein Wasser in ... begraben, ... , mein Wasser dem Gilgameš übergeben" (Rest teilweise abgebrochen) (64).

"Sie haben sie (die Figuren) einem Hund oder einem Schwein, einem Vogel des Himmels, einem Fisch des Apsû zum Fressen gegeben; (...) sie haben Figuren von mir angefertigt und sie in den Schoß eines Toten gelegt, im Mauersockel eingemauert, in den Mauerdurchlaß hineingelegt, unter den Gott Kūbu (65) gelegt, am Nacken der Sieben-Götter [...], im Ofen des [...], sie an beiden Ufern des Flusses begraben, sie in einem Loch gegen Westen eingemauert, im Tempel des Kūbu [...], sie im Ofen des Töpfers verbrannt, sie im Ofen des Brauers [..], sie im Gefäß des Ölkelterers begraben, im Ofen für geröstetes Korn gebrannt, im Ofen des Kupferschmiedes gebrannt, im Osten verbrannt, im Westen verbrannt, sie am Eingang des Stadttores begraben, sie dort, wo vier Straßen zusammenstoßen, begraben, unter dem Gott Kūbu begraben, sie wie einen undichten Behälter in einen Brunnen geworfen und [...], sie wie einen Stern des Himmels ...., sie sind dem Gilgameš gegeben, über den Hubur-Fluß (66) gesandt, (...), den 26. des Monats Abu, das Ende der Strafe (oder Schuld) der Anunaki-Götter, haben sie geändert (67), mit Wasser des zikurudû [...], am Flußufer begraben (...), sie beim Schlachten der Schafe zerstört, (...), sie in einem imšukku-Behälter in Urin aufgelöst (68).

In medizinischen Texten kann als Krankheitsursache angegeben werden, daß Figuren des Patienten vergraben oder bestattet wurden, so z.B.: "Dieser Mensch - Figuren sind in einer Wand eingeschlossen worden" (69). Oder es heißt nach der Beschreibung der Krankheitssymptome: "Dieser Mensch ist verhext, seine Figuren sind angefertigt und an einem zerstörten Ort der Ereškigal übergeben worden" (70); "Gegenüber diesem Menschen sind vor Ištar und Dumuzi Zauberhandlungen ausgeführt, Statuen von ihm in ein Grab gelegt worden" (71).

Der Verlauf eines Zauberrituals

Charakteristisch für das Zauberritual, speziell für den indirekten Zauber, ist die Herstellung von Figuren und Anwendung von Objekten, die mit dem Opfer in direkter Beziehung stehen. Darauf wird in den Gegenzauber-Beschwörungen immer wieder angespielt. Diese Handlungen veranschaulichen das Ziel des Rituals; man kann allerdings davon ausgehen, daß sie allein nicht als wirksam angesehen wurden. Vielmehr bilden die Beschwörungen den zentralen Bestandteil eines jeden Rituals sowohl der Schwarzen wie der "weißen Magie". Ein Ritual ohne Beschwörungen, die das Ziel nicht nur verbalisieren, sondern auch die Götter zur Hilfe und zum Handeln auffordern sollen, ist undenkbar. Zu den Ritualen im Rahmen der "weißen Magie" gehören stets Opfergaben und Beschwörungen an eine oder mehrere Gottheiten; die Beschwörung stellt zugleich eine Bitte dar, die den Kranken rechtfertigen und wieder mit den Göttern versöhnen soll, da sie letztlich durch ihren infolge von Fehlern und Sünden des Kranken entzogenen Schutz für Krankheit oder Unheil verantwortlich sind. Das Mitwirken der Götter, nicht die rituelle Handlungen, führen letzlich das gewünschte Ergebnis herbei (72).

Obwohl aus Mesopotamien keine Zauberbeschwörungen bekannt sind, ist anzunehmen, daß solche auch innerhalb des Glaubens an Schwarze Magie eine entscheidende Rolle für die Begründung ihrer Wirkung gespielt haben, wie es aus der Erwähnung von Beschwörungen der Zauberer in Maqlû hervorgeht:

"Die Beschwörung der Zauberin ist böse, ihr Wort ist in ihren Mund zurückgekehrt, ihre Zunge gebunden (...). Ihr Mund sei Talg, ihre Zunge, die das böse Wort gegen mich ausgesprochen hat, sei Salz, sie soll wie Talg zergehen, diejenige, die Zauberei gemacht hat, soll wie Salz schmelzen" (73).

"Auf den Mund meines Zauberers und meiner Zauberin wirf den Maulkorb, wirf die Beschwörung des Weisen der Götter, Marduk! Laß sie zu dir rufen, aber antworte nicht, laß sie zu dir sprechen, aber erhöre sie nicht" (74).

"Ihr Wort möge gelöst werden, mein Wort aber soll nicht gelöst werden, das Wort, das ich spreche - ihr Wort möge mein Wort nicht hemmen" (75).

Wenn nun die Zauberrituale in ihrer Durchführung als technisch parallel zu anderen Ritualen angesehen werden können, stellt sich die Frage, an wen die dabei zitierten Beschwörungen gerichtet waren. Es ist denkbar, daß sie, wie auch die Kultmittelbeschwörungen, das Material, z.B. den Ton, aus dem die Zauberfiguren hergestellt sind, beschwören; andere Belege hingegen zeigen, daß ein Zauberer sich an die Götter gewandt hat. Für Schwarze Magie scheint es keine speziell zuständige Gottheit gegeben zu haben. Die Göttin Kanisurra wird zwar in einer Maqlû-Beschwörung als "Herrin der Zauberinnen" bezeichnet (76), ansonsten aber gibt es m.W. keine direkte Verbindung zwischen ihr und der Zauberei. Über Kanisurra selbst ist wenig bekannt; sie ist Tochter der Nanāja, der Göttin der Liebe, und wohl selbst eine Liebesgöttin; auf jeden Fall wird sie in den ŠÀ.ZI.GA- Beschwörungen zusammen mit Ištar, Nanāja und anderen Götter angerufen (77), woraus zu folgern ist, daß Kanisurra, wie Ištar und Nanāja die Macht zur Wiederherstellung der Potenz besaß. Die oben genannte Beschwörung (s. Anm. 76), in der Ištar, Dumuzi, Nanāja, "die Göttin der Liebe", und Kanisurra, "die Herrin der Zauberinnen", zusammen aufgefordert werden, den Zauber zu lösen, ist wahrscheinlich gegen zauberisch verursachte Impotenz gerichtet, was bedeuten könnte, daß dieser Zauber mit Hilfe der genannten Gottheiten zustande gekommen ist.

Die Vorstellung, der Zauberer hätte sich mit irgendeiner Gottheit verbündet, kommt auch in anderen Zusammenhängen zum Ausdruck, so z.B. in einer Maqlû-Beschwörung: "Wer bist du, böser Gott, den mein Zauberer und meine Zauberin geschickt haben, um mich zu töten?" (78). Vergleichbar hiermit ist eine Beschwörung der Serie bīt mēsiri, wo von "Machenschaften eines Gottes oder des Gottes eines Menschen" die Rede ist (79). In die gleiche Richtung deutet die Diagnose in einem Ritual gegen unreinen Zustand, Impotenz u.a.: "Gegen diesen Menschen sind Zauberhandlungen vor Ištar und Dumuzi ausgeführt (und) Figuren von ihm in ein Grab gelegt worden" (80). Eine andere Beschwörung fordert Marduk auf, die Zauberer nicht anzuhören (s. Anm. 74).

Es scheint also, daß Zauberei ebenso wie der Gegenzauber lediglich mit Hilfe von Göttern wirksam waren. Denn nur unter Anrufung einer Gottheit, die für das erzielte Unheil verantwortlich war, z.B. Ištar, Dumuzi und, wenn richtig gedeutet, Nanāja und Kanisurra für Impotenz u.ä., konnte der Zauberer seinen Gegner mit einer Krankheit treffen. Dieser Umstand darf nicht wundern, da es in Mesopotamien keine dualistische Auffassung des Göttlichen gab, keine bösen Götter, die die bösen Absichten des Zauberers unterstützten, auf der einen, keine guten Götter, die dem Menschen gegen Zauberei behilflich waren, auf der anderen Seite. Vielmehr konnten sie sich sowohl positiv wie zugleich negativ gegenüber dem Menschen verhalten, der sich durch sein Verhalten, durch Opfer, Rituale usw. beschützen und mit den Göttern versöhnen mußte. Die Götter besaßen die Macht, dem Menschen sowohl Krankheit und Unheil zu bringen wie ihn davor zu bewahren oder zu befreien. Sie handelten nicht willkürlich, sondern reagierten auf Sünden, Verfehlungen, Vergehen gegen Tabus usw. Die Hauptaufgabe des Zauberrituals bestand deshalb darin, das Opfer bloßzustellen, es unrein zu machen und ihm damit den Schutz der Götter zu entziehen. Dies wurde entweder durch verhexte Speisen, Getränke usw. bewirkt, oder durch Manipulationen mit Objekten, die vom Opfer stammten, und durch Nachbildungen in Form einer Figur wie es beim indirekten Zauber der Fall war. Die Götter, die auf den Zauber reagierten, konnten die Berechtigung der Zauberhandlungen nicht berücksichtigen, sondern waren zum Handeln gezwungen, weil das Verhältnis zwischen ihnen und dem Bezauberten durch den Zauber außer Gleichgewicht geraten war, sie infolgedessen dem nun unreinen Menschen ihren Schutz entziehen mußten. Die Gegenzauberrituale bezwecken folglich sowohl die Reinigung des Bezauberten wie die Versöhnung mit den Göttern und damit die Demonstration der Gerechtigkeit des Kranken. In den oft an Šamaš gerichteten Gegenzauber-Beschwörungen wird deshalb um ein gerechtes Urteil zwischen Zauberer und Verzaubertem gebeten.

Es ist daher anzunehmen, daß das Zauberritual auf jeden Fall in seinen Grundstrukturen den Ritualen der "weißen Magie", den Gegenzauberritualen, apotropäischen oder exorzistischen Ritualen ähnelt. Zur Stützung dieser These kann man wiederum Liebeszauberrituale heranziehen, die sich ebenfalls einer Art indirekten Zaubers unter Anwendung von Figuren bedienen.

So soll der Mann eine Tonfigur derjenigen Frau anfertigen, die er begehrt, und ihren Namen darauf schreiben, vor Šamaš eine Beschwörung rezitieren - die fragliche Beschwörung ist allerdings nicht an Šamaš gerichtet - und anschließend die Figur am Stadttor begraben, damit die Frau darüber hinweggeht. Da die Figur nicht aus Materialien besteht, die von der Frau stammen oder mit ihr in Berührung gekommen sind, scheint zumindest das Überschreiten der begrabenen Figur notwendig zu sein, um den Kontakt herzustellen (81). In einem anderen Liebeszaubertext stellt der Mann eine Figur der Frau aus Schafsfett her, schreibt ihren Namen darauf und rezitiert über sie siebenmal eine Beschwörung an den Pleiaden (^{d}MUL.dMUL) und an Merkur (^{d}GU4.UD); die Beschwörung endet mit dem Hinweis: "Auf den Befehl der überaus tüchtigen Ištar" (82). Für das Gelingen dieses Zaubers ist allerdings der körperliche Kontakt mit der Figur und der Frau keine Voraussetzung. In den angeführten wie in anderen Liebeszauberritualen wird insbesondere Ištar als Göttin der Liebe und der Sexualität angerufen, aber auch die Pleiaden (83). Folglich kann ebenso bei diesem Typus von Zauber, sei er verboten oder nicht, vermutet werden, daß die Götter behilflich sind.

Zikurudû

Die verschiedenen Bezeichnungen für schwarze Magie wurden bereits oben behandelt, ohne daß dabei exakt zwischen Methoden und Wirkungen etwa von kišpu im Gegensatz zu upšašû, ipšu, ruhû oder rusû getrennt werden konnte. Eine weitere Form des Zaubers ist zikurudû. Sie begegnet bisweilen in Aufzählungen wie die eben genannten Termini, wird aber auch allein als Diagnose angeführt; in solchen Fällen kommt es öfters zu Aussagen über ihre speziellen Methoden.

Zikurudû ist möglicherweise eine präzisere Bezeichnung als die anscheinend generell verwandten kišpu oder ipšu. Das sumerische Wort zi ku$_5$-ru-da = /zi kudr-ed-a/ bedeutet wörtlich: "um das Leben (oder die Kehle) durchzuschneiden". Dies dürfte darauf hinweisen, daß es sich hier um eine äußerst gefährliche Form des Zaubers handelt, die eine tödliche Krankheit des Gegners bezwecken soll. Im Gegensatz zu den bisher behandelten Zaubermethoden, bei denen Figuren und Gegenstände des Gegners begraben wurden, wie es vor allem in Maqlû begegnet, und bei denen die Gegenmaßnahmen darin bestanden, Figuren des Zauberers zu vernichten, benutzt der zikurudû-Zauber anscheinend ganz andere Praktiken; auch die Abwehrrituale unterscheiden sich wesentlich.

Zikurudû ist verhältnismäßig selten in den Abwehrzaubertexten erwähnt; die ausführlichsten Beschreibungen finden sich in medizinischen Texten:

" Wenn ein Mensch verstört ist, angeschwollen ist, seine Augen flackern, sein Fleisch gelähmt ist, alle seine Zähne schmerzen, wenn er Brot ißt und Bier trinkt, (aber) ... (84), dann ist gegen diesen Menschen zikurudû-Zauber mittels Sauermilch(?) (85) gemacht worden; wenn seine Krankheit lange gedauert hat (wörtl. alt geworden ist), ist es entschieden ... , und er wird sterben" (86). Die Therapie besteht in einem Kräutertrank.

"Wenn ein Mensch - sein Herz [...] , Blut steht in seinem Mund, sein Fleisch tut weh, (dann) ist zikurudû-Zauber mittels der Türriegel ausgeführt worden" (87). Als Gegenmittel wird in diesem Fall sowohl ein Kräutertrank wie eine Salbe und eine Amulettenkette vorgeschrieben.

"Wenn ein Mensch - wenn seine rechte Sehne und sein rechter Oberschenkel schmerzen, wenn er an Muskelschwund leidet, seine Glieder steif sind, er verwirrt ist, wenn er alles, was er tut, vergißt und wenn sein Speichel weißlich ist, (dann) sind Zauberhandlungen vor Gula gegen diesen Menschen ausgeübt worden, am 27. und 28. Tag ist die Sache beendet worden; es ist die Hand der zikurudû-Zauber, (und) er wird sterben" (88).

In zerstörtem Kontext ist die Bezeichnung: "Beschwörung, wenn gegen einen Menschen zikurudû-Zauber vor Sirius ausgeführt worden ist" belegt (89). Symptombeschreibung und Diagnose sind abgebrochen; das Ritual geht ebenfalls auf dem Dach vor Sirius vor sich.

Aus der Bibliothek Tiglatpilesar's I. in Assur stammt ein sehr schlecht erhaltenes Ritual; man kann ihm zumindest noch so viel entnehmen, daß sowohl der zikurudû-Zauber wie das Abwehrritual vor dem Sternbild des Skorpion ausgeführt wurden (90). Ein weiteres zikurudû-Ritual vor einem Sternbild lautet:

> "Wenn ein Mensch - (seine) rechte und linke Sehne ...(?), Blut [...] in seinem Mund, ...(?), dann ist gegen diesen Menschen vor Ursa Maior Zauber ausgeführt worden, er wird innerhalb von zehn Tagen sterben; es ist die Hand des zikurudû-Zaubers" (91).

Trotz der ernsten Diagnose gibt der Text Anweisungen für eine Behandlung, die u.a. darin besteht, nachts auf dem Hausdach eine Rohrhütte mit Standarten zu errichten. Leider ist das Ritual weitgehend zerstört (92). Vergleichbar hierzu ist der Text PBS I/1, 121, der eine Beschwörung und das dazu gehörende Ritual enthält. Die Beschwörung nennt verschiedenen Arten von Zauberei: kišpu, ruhû, rusû, upšašû lemnūtu, NU.DÙG.GA ša amēlūti, dipalû, zīru, kadibbidû und zikurudû ša amēlūti (Vs. 3-6), während die Beschreibung der Zaubermethoden fehlt. Das Abwehrritual (Rs. 7-13) wird vor Ursa Maior unter Aufstellen einer Rohrhütte mit Standarten ausgeführt (93).

Es gibt insgesamt vier Fälle, in denen sich der zikurudû-Zauber eines kleinen Tieres, entweder des arrabu (94) oder des šikkû "Mungo", bediente:

BAM 449 ii 1-10 beschreibt zwar keinen zikurudû-Zauber, hingegen wird das Abwehrritual mit Hilfe des für diese Zauberpraktik benutzten arrabu durchgeführt; das Tier wird in ein

Mausfell mit verschiedenen Steinen eingebunden und danach begraben. Man vollzieht das Ritual am 15. Tag des Monats vor Sin, d.h. an Vollmond.

In dem daran anschließenden Ritual BAM 449 ii 11-15 heißt es: "Wenn dieser arrabu in das Haus eines Menschen, sei es am Fluß oder auf der Straße, geworfen wird, ohne daß er es weiß" (95). Zur Abwehr des zikurudû-Zaubers soll der Betreffende am 15. Tag des Monats vor Sin Opferrationen darbringen, sich niederwerfen und beten, Erde auf seinen Kopf streuen und siebenmal sagen: "Mit dieser Hand bist du gepackt!" (96).

Weitere Ritualanweisungen gegen zikurudû:

"Wenn (gegen) einen Menschen zikurdû-Zauber mittels eines arrabu [gemacht worden ist ...], und der geschlachtete arrabu im Haus des Menschen zu sehen war" (97). Das hierzu gehörige Ritual ist nur fragmentarisch erhalten, jedenfalls kniet sich der Mensch vor Sin und spricht eine Beschwörungsformel.

"Wenn gegen einen Menschen zikurudû-Zauber mittels eines Mungo ausgeführt ist, (und) dieser zikurudû-Zauber (mittels) eines Mungo, der vor sieben Monaten im Haus des Menschen gesehen worden ist (gemacht ist)" (98). Das Abwehrritual wird vor Ursa Maior durchgeführt.

Die hier zitierten Belege erlauben aufgrund ihrer geringen Zahl kein nuanciertes Bild des zikurudû-Zaubers. Dennoch sind folgende Feststellungen möglich:

(a) zikurudû kann, wie auch der direkte Zauber, mit Lebensmitteln oder Gegenständen, etwa einem Türriegel, mit denen das Opfer irgendwann in Berührung gekommen ist, durchgeführt werden. Das Opfer affiziert sich dann ähnlich wie mit dem oben bereits erwähnten verzauberten Essen und Trinken oder mit verschmutztem Badewasser. Diese Implikationen werden medizinisch mit Kräutertränken, Salben oder Amuletten behoben.

(b) Der zikurudû-Zauber wird meistens vor Sternen, also in nächtlichen Ritualen vollzogen. Erwähnt sind Ursa Maior und Sirius; in dem Ritual, wo Zauberei angeblich vor Gula ausgeführt worden ist, ist vielleicht den Stern Gula gemeint (s. Anm. 88). Soweit sich über die Gegenmaßnahmen in den zitierten Fällen Aussagen treffen lassen, werden sie ebenfalls vor diesen Sternbildern ausgeführt. Hierbei handelt es sich übrigens um recht ausführliche Abwehrrituale, nicht nur um Arzneimittel.

(c) zikurudû-Zauber wird unter Verwendung kleiner Nagetiere (arrabu, šikkû) ausgeführt. Was allerdings mit dem jeweiligen Tier gemacht wird, geht aus den Texten nicht deutlich hervor. Man muß annehmen, daß das Tier in der Regel tot ist, "geschlachtet" wie es einmal heißt, aber auch der Umstand, daß der Beschwörer das Tier nehmen kann oder daß es der Zauberer ins Haus wirft, deutet daraufhin, daß es nicht mehr lebt. Daß das getötete Tier mit Haaren, Fingernägel, Kleidungsstücken oder ähnlichen vom Opfer stammenden Dingen ausgestopft werden soll, wie es F. Köcher anhand von Parallellen aus anderen Kulturen vermutet (99), wird von den zikurudû-Texten nicht ausdrücklich unterstützt. Sie sprechen lediglich davon, daß zikurudû mit einem Tier gemacht worden, es im Haus gesehen oder ins Haus geworfen worden sei.

Die Abwehrrituale in solchen Fällen werden entweder vor dem Vollmond (drei Belege) oder vor Ursa Maior (ein Beleg) ausgeführt. Dies wirft die Frage auf, ob der zikurudû-Zauber selbst ebenefalls vor dem Mond, bzw. Ursa Maior vollzogen worden ist. Auf jeden Fall scheint es zur Praxis dieser Art von Zauber zu gehören, ein kleines Tier in Verbindung mit einem Beschwörungsritual zu töten und es in Sichtweite des Opfers zu bringen, damit der Tierkadaver dem Gegner als Warnung und Drohung signalisiert: "Du bist verhext worden!" Damit ist wohl auch der größten Teil der magischen Wirkung erreicht. Andererseits besteht durchaus die Möglichkeit, daß allein das plötzliche, unerwartete Auftauchen eines kleinen toten Nagetiers den Verdacht des zikurudû-Zauber hervorruft, vor allem dann, wenn es keine Zeichen von Gewaltanwendung zeigt, d.h. daß es geschlachtet oder sonst irgendwie für Zauberzwecke zubereitet worden ist.

Mit diesem Typ von Zauber kann man vielleicht auch einen anderen Fachterminus, nämlich naruq upšašê "Zaubersack", in Verbindung bringen. naruqqu ist ein Ledersack, eventuell nur ein Stück Leder, das um irgendetwas geschnürt wurde. Es ist nicht unwahrscheinlich, daß sich dahinter ein Tierbalg verbirgt, der mit Zaubersubstanzen, z.B. Kräutern oder Steinen, gefüllt war. naruq upšašê taucht zusammen mit anderen Bezeichnungen für Zauberei auf, leider ohne nähere Angaben über Art, Zubereitung oder Wirkung, so z.B.: "Sack mit Zaubereien, Aussatz, böser Zwischenfall der Menschen" (100); "Sack mit Zaubereien, der in böser Absicht zugebunden wurde" (101); "Wenn ein Mensch, sei es auf dem Feld, sei es auf dem offenen Land, sei es auf der Steppe, einen Sack mit Widrigem, bösen Zaubereien sieht" (102). Hinweise über den tatsächlichen Inhalt solcher Zaubersäcke fehlen.

Zusammenfassend läßt sich feststellen, daß der zikurudû-Zauber sich auffallenderweise eben durch die Sichtbarkeit der Zaubermittel von anderen Zauberpraktiken unterscheidet. Dies steht im Gegensatz zum Bildzauber, wie er besonders ausführlich in Maqlû beschrieben ist. Die Maqlû-Beschwörungen richten sich gegen Zauber mit Figuren, die irgendwo begraben oder versteckt sind, ohne daß der Bezauberte genau Bescheid weiß; nur die genaue Prüfung der Symptome erlaubt eine Diagnose. Anders verhält es sich - zumindest in einigen Fällen - mit dem zikurudû-Zauber. Hier benötigt man keine Symptombeschreibung, da das Vorkommen der Zaubermittel deutlich auf die Ausführung des Zaubers hinweist: vgl. z.B. "Wenn gegen einen Menschen zikurudû-Zauber veranstaltet und es gesehen worden ist, nimmst du diesen "Zauber", der gesehen wurde, und stellst ihn vor Šamaš" (103). Dieses vor Šamaš vollzogene Ritual besteht darin, ein Schwein zu schlachten und die vorgefundene Zaubermittel in seinen Balg zu legen. Der Schluß des Rituals ist abgebrochen, es bleibt deshalb unklar, was anschließend mit den Schweinebalg passiert.

Auf eine solche Ankündigung des stattgefundenen Zaubers spielt vielleicht auch ein Abschnitt in Maqlû an: "Ich zerstreue die Botschaften von zikurudû, die du mir immer wieder zusendest" (104). Dies kann bedeuten, daß die Botschaft nicht einfach nur ein Zeichen oder ein Omen ist, das auf Zauberei verweist, sondern die Zaubermittel selbst (105). Obwohl nicht in allen Fällen ausdrücklich gesagt besteht wahrscheinlich das Charakteristische des zikurudû-Zaubers in seinem signifikativen Wesen: er wird dem Verzauberten gezeigt. Trifft diese Deutung zu, dann ist es kein Zufall, daß im Maqlû-Zitat "Botschaften senden" gerade zusammen mit zikurudû und nicht etwa mit kišpu oder mit anderen Bezeichnungen für Zauberei erwähnt wird.

Die oben behandelten Texte gegen zikurudû-Zauber lassen einerseits vermuten, zikurudû sei eine spezielle Art des Zaubers, die sich vielleicht in ihrer Technik von anderen Praktiken unterscheide. Andererseits wird zikurudû zusammen mit kišpu auf gleicher Bedeutungsebene genannt, sodaß der Eindruck entsteht, kišpu und zikurudû seien mehr oder weniger synonym und der Ausdruck zikurudû werde generell für "Zauber" gebraucht, allerdings in einer recht ernsten Bedeutung, nämlich als Todeszauber. Heranzuziehen wäre hierzu z.B. folgende Diagnose: "Gegenüber diesem Menschen ist Zauber vor Ištar und Dumuzi ausgeführt, Statuen von ihm sind in ein Grab gelegt worden. Um diesen Menschen zu lösen und ihn der Hand des zikurudû-Zaubers zu entziehen, ihn mit Gott und den Menschen zu versöhnen, den Zorn des Gottes und der Göttin zu lösen (und) die Zauberhandlungen, die eine Frau gegen ihn gemacht hat, zu lösen" (106). Daß der Zauber sichtbar war, bleibt ebenso unerwähnt, wie die Zaubermittel, die beseitigt werden. In einer im gleichen Ritual vorgetragenen Beschwörung an Ištar wird die Tätigkeit des Zauberers folgendermaßen geschildert: "Mein Zauberer und meine Zauberin, die du kennst, die ich (aber) nicht kenne, haben mit Hilfe einer

Opferzurüstung (riksu) des Zaubers, des Hasses, und des zikurudû-Zaubers, die sie vor dir hergerichtet haben, Figuren von mir in ein Grab gelegt" (107). Aus den Beschwörungen geht deutlich hervor, daß das nun abzuwehrende Zauberritual eine Figur des Kranken vor Ištar und Dumuzi der Unterwelt übergeben hat; diese Handlung soll jetzt rückgängig gemacht werden.

Weitere Zaubermethoden

Die am häufigsten erwähnten indirekten Zaubermethoden bedienen sich also entweder der Herstellung von Figuren, die begraben werden, oder der Anbringung eines Zaubermittels, etwa eines toten(?) kleinen Tieres, im Haus des Verzauberten. Häufig begegnet man aber auch der Vorstellung, daß der Zauber durch Knoten oder wie mit Knoten den Verzauberten gebunden hält, so z.B.:

"Diejenige, die böse Worte gegen mich gesprochen hat, soll wie Schafsfett zergehen, diejenige, die Zauberei gemacht hat, soll sich wie Salz auflösen ! Ihre Knoten sind gelöst, ihre Zaubereien vernichtet!" (108).

"Deine gebundenen Knoten, deine bösen Zauberhandlungen, deine [...] Machenschaften (und) deine bösen Botschaften hat Asarluhi, der Beschwörer der Götter, gelöst" (109).

"Wenn ein Mensch einen Feind besitzt (...), wenn man ihn verklagt, seine Worte ändert, ihn verleumdet (...), wenn, ohne daß er es weiß, Zauberei, Magie, Speichel und böse Machenschaften ihn umgeben, (...) um dies zu lösen und um die bösen Knoten, die man geknüpft hat, aufzulösen" (aus einer Symptombeschreibung zu einem Beschwörungsritual) (110).

Ein anderes Beispiel ist einem Ritual gegen zikurudû-Zauber zu entnehmen, laut dem der Verzauberte siebenmal vor Sin sagen soll: "Löse diese Knoten, die mich umschlingen!" (111).

Diese Formulierungen können entweder bildlich verstanden werden: der Zauber hält den Kranken fest, bindet ihn, oder auch wörtlich: im Verlauf des Zauberrituals findet tatsächlich das Knüpfen von Knoten statt. Wie dies vorgenommen wurde, ist nicht beschrieben; das Binden von Knoten geht aber aus anderen Zusammenhängen hervor wie z.B. bei der Herstellung von Amulettketten für schwangere Frauen, wo das Binden das Festhalten des Embryos symbolisieren soll. Ein medizinischer Text schreibt z.B. vor, daß neun Amulettsteine mit verschiedenfarbiger Wolle zusammengeknüpft und zweimal sieben Knoten gebunden werden (112). In einem Ritual gegen Haarausfall bei einer Frau sollen die Knoten das Wiederfestwerden der Haare verbildlichen:

> "Du nimmst ihr ausgekämmtes Haar, rollst eine Rolle daraus; du bindest urṭû, Dattelpalmenbarke von der Nordseite, ... (und) Haare von einem weißen Pferd mit sieben und sieben Knoten, (und) du flichst es mit ihren (eigenen) Haaren zusammen und rezitierst die Beschwörung siebenmal" (113).

Anschließend soll eine weitere, leider nur unklar beschriebene Zaubertechnik kurz angesprochen werden. In einer Maqlû-Beschwörung heißt es: "Zauberin, die du gegen NN, Sohn des NN, Stein(kugeln) geformt hast" (114). Sprachlich ist die Textstelle nicht völlig eindeutig; das Verbum kupputu, das CAD mit "to form a pellet, pill" übersetzt, bezeichnet ursprünglich die Herstellung von Pillen aus verschiedenen Drogen, die wie üblich geschluckt werden (115). Die Herstellung von Pillen oder Kugeln aus anderen Materialien für Zauber oder ähnliche Zwecke begegnet sonst kaum. Lediglich folgende Anweisung, die zu zwei (nur teilweise erhaltenen) als "Formeln zur Lösung der ... Fingernägel" bezeichneten Beschwörungen gehört, bringt nähere Angaben: "Du sollst seine (abgeschnittenen) Fingernägel nehmen, (sie) in Ton (tun) und Pillen formen" (116). Anschließend werden die Tonpillen in einen Brunnen oder in den Fluß geworfen. Ein Ritual gegen böse Träume beschreibt die gleiche Technik: "Du rollst sieben Pillen aus Ton" (117). Der Inhalt der bösen Träume wird über die Pillen erzählt, die dann an einem Kreuzweg zerstreut werden. Das dem Text folgende Ritual nennt 14 Kugeln (118).

Die Handhabung von Pillen scheint also besonders für Lösungsriten angewandt worden zu sein. Hierbei handelt es sich am ehesten um einen Überführungszauber, bei dem das Böse auf die Pillen oder Kugeln übertragen und dann zusammen mit den Kugeln beseitigt wird. Werden Pillen im Zusammenhang mit Schwarzer Magie angefertigt, liegt möglicherweise ein direkter Zauber vor, da die Wirkung durch Berührung entsteht.

Symptome für Schwarze Magie

Behexung zeigt sich nicht als ein bestimmter, gut definierbarer Krankheitszustand oder durch charakteristische Symptome; vielmehr verursacht Zauberei physisches Unbehagen und Krankheiten der unterschiedlichsten Art. Die Indikationen erstrecken sich von relativ harmlosen Symptomen wie Geifern über Appetitlosigkeit, Erbrechen, Ausschlag, Fieber, Schmerzen in verschiedenen Körperteilen, sexuellen Störungen wie Impotenz bis hin zu tödlichen Krankheiten. Auf der anderen Seite können die gleichen Symptome auch von anderen Krankheitsursachen wie etwa der "Hand eines Totengeistes" bzw. der "Hand einer Gottheit" herrühren.

Infolge dieser Vielfalt von Symptomen bringen die medizinischen Handbücher wie auch die Ritualtexte meist sehr ausführliche Symptombeschreibungen, die dann in unserem Fall mit der Diagnose enden: "Dieser Mensch ist verhext" (NA BI ka-šip oder NA BI kiš-pi DAB-su/-šú), oder "Dieser Mensch hat Verhextes gegessen oder getrunken" (NA BI kiš-pi KÚ u NAG). Danach folgt das Rezept oder die Ritualanweisung. In anderen medizinischen Handbüchern fehlen Symptombeschreibungen; bei ihnen handelt es sich um Rezeptsammlungen zur Anwendung bei bereits erkannten Zauberfällen. Die Einleitung solcher Texte lautet: "Wenn ein Mensch verhext ist" (šumma amēlu kašip). Ferner gibt es Sammlungen von Drogenlisten, die als "Drogen zum Lösen von Zauber" (Ú.HI.A UŠ$_{11}$ BÚR.RU.DA) bezeichnet sind. Schließlich sind in den diagnostischen Serien vereinzelt Fälle von Zauberei, allerdings ohne Rezepte oder Ritualanweisungen, erwähnt. Anders verhält es sich bei Fällen von zikurudû-Zauber, wo die Zaubermittel gesehen worden sind und man deshalb keine Symptombeschreibung benötigt, da sich die Diagnose von selbst ergibt (vgl. S. 40-47).

Im allgemeinen gehen weder die Symptombeschreibung noch die Diagnose auf die Zaubertechnik ein; bisweilen begegnet jedoch die Angabe von verzaubertem Essen, Zauber mit Figuren usw. als Ursache, also sowohl von direktem wie indirektem Zauber. Eine eindeutige Trennung der Symptome nach magischen Techniken gibt es nicht, immerhin kann aber eine gewisse Differenzierung festgestellt werden. So schreibt man Krankheiten der Magenregion oder Ausfluß von Speichel z.B. öfters, aber nicht ausschließlich, verzaubertem Essen oder Getränken zu, während man ernste Krankheiten und allgemeine Schwächezustände auf indirekten Zauber mit Figuren, die in ein Grab gelegt wurden, u.ä. zurückführt; als Ursache von Impotenz wird Zaubern mit Sperma vermutet. Folgende Beispiele können dies verdeutlichen:

(a) Symptombeschreibungen ohne Angabe der Zaubertechnik:

"Wenn ein Mensch - sein Kopf ist immer wieder angegriffen, [...] , seine Träume sind schrecklich, er spricht im Traum [..] , seine Knie sind gebunden, sein Brustkasten gelähmt(?),- sein Körper stets voll von Feuchtigkeit - dieser Mensch ist verhext" (119).

"Wenn ein Mensch - der Speichel in seinem Mund kann nicht gestopft werden - dieser Mensch ist verhext" (120).

"Wenn ein Mensch - sein Kopf ist angegriffen, sein Gesicht umgeben, seine Nasenlöcher schmerzen, er spuckt seinen Speichel heraus, vergißt immer wieder seine Worte, sein Inneres ist entzündet, seine Arme sind gelähmt, seine Hände langsam geworden, seine Füsse schmerzen(?)

und seine Knöchel sind locker: dieser Mensch - sein Gegner hat ihn mit Zauberei umgeben" (121).

"Wenn ein Mensch - seine Brust und Schultern schmerzen (und) er erbricht sich ständig, - diesen Menschen hält Zauber gepackt" (122).

"Wenn ein Mensch ißt und trinkt, aber Fleisch und Bier sich nicht nähert, er einmal blass (wörtl.: grün), einmal rot, ein andermal sein Gesicht immer wieder dunkel wird, er deprimiert ist (und) er häufig ermüdet". Die folgenden drei Zeilen der Symptombeschreibung sind fragmentarisch, die Diagnose selbst lautet: "Diesen Menschen hat ein Zauberer [verhext]" (123).

"Wenn sein Kopf brennt, seine Nasenspitze, seine Hände und Füsse (aber) kalt sind: die li'bu-Krankheit des Berges hat ihn gepackt. Die gleichen Symptome: Zauber hat ihn gepackt" (124).

(b) Direkter Zauber

"Wenn ein Mensch - seine Brust schmerzt, sein Epigastrium brennt, seine Eingeweide [...] - dieser Mensch hat eine Lungenkrankheit, er hat Zauber gegessen oder getrunken" (125).

"Wenn ein Mensch zwischen den Schulterblättern Schmerzen hat und seine Zähne bluten - dieser Mensch hat eine Lungenkrankheit, ihm ist Verzaubertes zum Essen oder zum Trinken gegeben worden" (126).

"Wenn (ein Mensch) beim Sprechen immer wieder aufhört (zu sprechen) - diesem Menschen hat man Zauberei zum Essen gegeben, um ihn mit der maštaqtu-Krankheit zu schlagen" (127); vgl. ferner das Beispiel S. 31 mit Anm. 44.

(c) Indirekter Zauber:

"Wenn ein Mensch - seine Augen drehen sich, seine Ohren wässern(?), sein Fleisch ist konstant gelähmt, sein Herz konstant betrübt, was ihn krank macht, weiß er nicht - dieser Mensch ist verhext, Figuren von ihm sind angefertigt und an einem zerstörten Ort der Ereškigal übergeben worden" (128).

(d) Zikurudû-Zauber:

Wenn Symptome in Verbindung mit dieser Art des Zauberns beschrieben sind, ähneln sie meist den hier bereits aufgeführten Beispielen. Eine Trennung zwischen zikurudû und anderen Formen des Schadenzauber kann daher in diesen Bereich nicht gemacht werden.

Symptome bei Frauen und kleinen Kindern

In vielen Kulturen existiert die Auffassung, daß besonders schwangere Frauen und kleine Kinder von Schadenzauber betroffen seien. Im mesopotamischen Textmaterial ist dieses Phänomen jedoch nicht sehr oft bezeugt. Die medizinischen Texte oder die Rituale, die eine Frau gegen Schwarze Magie beschützen sollen, beschreiben die Symptome meist nicht näher. Als die am meisten gefürchtete Wirkung von Zauberei werden Fehlgeburt angesehen, viele Behandlungen daher prophylaktisch oder aber spätesten dann unternommen, wenn man die Durchführung eines Zaubers vermutet. Die Sammeltafel LKA 9 Kol. III enthält drei Rezepte und eine Beschwörung, die eine von Schadenzauber bedrohte schwangere Frau betreffen: "Ein mêlu-Umschlag, um eine schwangere Frau oder eine Frau im Kindbett, der etwas gezeigt worden ist, zu lösen" (129). Was der Frau laut diesem Rezept gezeigt worden ist, wird nicht näher ausgeführt, weitere Texte, die hierfür einen Schlüssel zum besseren Verständnis geben, sind mir unbekannt. Vielleicht ist die angesprochene Zauberpraktik mit dem zikurudû-Zauber verwandt.

Ein weiteres Rezept in diesem Text, "damit Zauberei sich einer schwangeren Frau nicht nähern, sie ihr Foetus nicht verlieren soll" (130), schreibt eine Salbe vor, außerdem Befestigung roter Wolle an ihrem Kleidersaum und Benutzung eines Amuletts.

Ein Beispiel von direktem, eine Frau betreffenden Zauber ist der bereits behandelte Beleg für eine Frauenkrankheit (Ausfluß aus der Vagina) als Zeichen der Zauberei: "Wenn einer Frau Drogen (oder Kräuter) des Hasses zu essen gegeben worden sind und viel Flüssigkeit aus ihrer Vagina austritt" (s. S. 31 und Anm. 47).

Zauberisch verursachte Krankheiten bei Säuglingen werden in den diagnostischen Serien beschrieben. Dabei sind die Symptome recht unterschiedlich:

> "Wenn das Innere eines Säuglings aufgeschwollen ist und er nicht trinkt, wenn man ihm die Brust gibt, dann ist eine Zauberin für diesen Säugling (als Gattin) erwählt".

> "Wenn ein Säugling sich beim Schlafen umdreht, nicht ruhig ist und immer wieder erschrickt, dann hat man ihm in den Armen seiner Mutter die Šulhû-Krankheit angehext".

> "Wenn ein Säugling beim Schlafen immer wieder erschrickt und weint, dann hat man ihm in den Armen seiner Mutter die Šulhû-Krankheit angehext".

> "Wenn ein Säugling (schon) drei Monate die Brust saugt, seine Hände und Füsse aber immer (noch) verdreht und seine Muskeln schwach (wörtlich: gering) sind, dann hat man ihm schon im Inneren seiner Mutter die Šulhû-Krankheit angehext" (131).

Impotenz

Impotenz kann auch eine Folge von Zauberei sein doch die meisten ŠÀ.ZI.GA-Texte erwähnen ihre Verursachung nicht. Mehrere Symptome können Impotenz begleiten, so z.B.:

"Wenn ein Mann - sein Körper ist gelähmt, er hat ständig Fieber, sein Fleisch ist zerstört und er kann nicht zu einer Frau gehen" (132).

"Wenn ein Mann verhext, sein Fleisch "hingeschüttet" ist, er die mungu-Krankheit hat und seine Knie ...(?), wenn sein Herz eine Frau begehrt, in den Augenblick aber, wo er die Frau sieht, sein Herz (d.h. Erektion?) zurückgeht, (dann) ist der Samen dieses Mannes bei einem Toten niedergelegt worden" (133).

Ein anderes Beschwörungsritual überliefert folgende Symptombeschreibung: "Wenn ein Mann - seine Potenz ist weggenommen und sein Herz erhebt sich weder für seine eigene noch für eine fremde Frau" (134). Eine Diagnose "Zauberei" erfolgt zwar nicht, aber aus den Formulierungen der Beschwörung geht eindeutig hervor, daß die Krankheit auf das Treiben einer Zauberin oder eines Zauberers zurückzuführen ist; zudem werden im Ritual Figuren verbrannt. Ähnlich richtet sich die Beschwörung eines weiteren ŠÀ.ZI.GA-Rituals unverkennbar an Zauberinnen, obwohl die Diagnose nicht Zauberei, sondern andere Ursachen als Grund für die Impotenz angibt:

"Wenn ein Mann kein Verlangen verspürt, zu einer Frau zu gehen, sei es, weil er ein Greis ist, sei es wegen "des Stabs(?)", sei es weil er an ṣētu-Fieber oder nihis narkabti leidet" (135).

In diesem Falle wird die Beschwörung "Wer bist du, der meinen Gang wie einen Weg gesperrt hat?" (136) siebenmal über sieben Kräuter gesprochen, die danach mit Wein vermischt eingenommen werden.

Zu den sexuellen Störungen gehört auch der unfreiwillige Samenerguß, der wie Impotenz oft als Folge von Zauberei betrachtet wird. Dabei ist bemerkenswert, daß dieser Zustand als unrein bezeichnet wird, so z.B.:

> "Wenn ein Mensch verhext und sein Fleisch hingeschüttet ist, wenn sein Sperma beim Gehen, Stehen, Liegen oder Urinieren fließt, wenn er wie eine Frau ...(?), dann ist er unrein, Samen von ihm ist bei einem Toten niedergelegt worden" (137).

> "Wenn ein Mensch - seine Glieder sind "hingeschüttet" wie (die eines) Kranken, [...] seine Füße und seine Bauchdecke(?) sind schlaff, er redet, aber er erreicht nichts, er ist der Potenz beraubt, sein Inneres ist immer wieder schlecht, in seinem Urin oder andauernd fließt sein Sperma wie bei dem, der mit einer Frau geschlafen hat. Dieser Mann ist unrein, Gott und Göttin haben sich von ihm abgewandt, was er sagt, ist nicht angenehm" (138). Nach einer Trennungslinie fährt der Text fort: "Gegen diesen Menschen sind Zauberhandlungen vor Ištar und Dumuzi ausgeführt, Figuren von ihm in ein Grab gelegt worden" (s. Anm. 71).

Vergleichbar hiermit ist folgender Abschnitt aus einer ŠÀ.ZI.GA-Beschwörung mit der Bitte um Reinigung: "Ich, gegen den Zauberei ausgeführt worden ist, dessen Figuren in die Erde gelegt worden sind, mein Körper sei rein wie Lapislazuli!" (139). Die Symptome, gegen die sich die Beschwörung richtet, sind folgende: "Wenn die Potenz eines Mannes weggenommen ist, wenn sein Herz sich weder für seine eigene noch für eine fremde Frau erhebt" (s. Anm. 134).

Die Unreinheit einer Person, die solche oder ähnliche Symptome aufweist, beschreibt auch eine Stelle in Šumma ālu: "Wenn ein Mann immer wieder ejakuliert, dann ist dieser Mann unrein, er trägt eine schwere Sünde" (140). Ähnlich heißt es in einem medizinischen Text: "Wenn ein Mann in seinem Bett ejakuliert, sein Herz (= Erektion) zurückgeht (und) sein

Samen ins Bett fließt, (dann) lastet der Zorn Marduks und Ištars auf ihm" (141). Das Wort "unrein" ist hier zwar nicht ausdrücklich erwähnt, aber nach dem hierfür zuständigen Rezept folgen andere, um einen Menschen wieder rein zu machen.

Diese Belege scheinen deutlich zu machen, daß Impotenz, Samenfluß usw. als Symptome des Unreinseins, das von einer "Sünde" oder der Verletzung eines Tabus stammen muß, betrachtet werden. Ist sich der Mann jedoch keiner solchen Sünden oder Vergehen bewußt, muß die Ursache darin gefunden werden, daß ein Außenstehender ihn unrein gemacht hat, was am häufigsten durch Handlungen mit Figuren, die Substanzen der zu treffenden Person enthalten, geschieht.

Diagnose durch Orakel

Da Zauberei keine besonderen oder gar charakteristischen Symptome besitzt, war die Diagnose sicherlich schwierig. Die medizinischen Texte bieten ein notwendiges Hilfsmittel dafür, aber es gab auch Fälle, wo das Erkennen der Symptome für sich allein wenig weiterhalf, nämlich dann, wenn mehrere Diagnosen folgten. Der Text KAR 70 stellt einen interessanten Hinweis auf eine Methode in solchen Fällen zur Verfügung, mit der die zutreffende Diagnose getroffen oder die Krankheitsursache bestimmt werden kann:

> "Du mischst Teig aus Emmer mit Lehm aus der Tongrube und fertigst Figuren von dem Mann und der Frau an, du legst sie aufeinander und stellst sie an den Kopf des Mannes. Du rezitierst die Beschwörung siebenmal, entfernst (die Figuren) und legst sie in die Nähe eines Schweines. Wenn das Schwein sich nähert, ist es Ištar's Hand, wenn es sich nicht nähert, ist dieser Mann von Zauberei gepackt" (142). Danach folgen Rezepte gegen Zauberei und Impotenz.

Maßnahmen gegen Schwarze Magie

Der Prozeß

Um sich gegen Zauberei zu wehren, konnte man den mutmaßlichen Verbrecher vor Gericht anklagen, wie dies auch in anderen Rechtsstreitigkeiten, z.B. Diebstahl oder Ehebruch der Fall war. Gemäß Codex Hammurapi §2 mußte der Verdächtigte sich dem Flußordal unterziehen; tauchte er unter und ertrank, war er schuldig (143). In §47 der mittelassyrischen Gesetzen steht lapidar, daß der Zauberer getötet werden soll. Es ist anzunehmen, daß man mit dem Tod des Täters auch die Zauberwirkungen für aufgehoben betrachtete. Damit stellte dieses Vorgehen ein wirksames und erfolgreiches Mittel gegen Schadenzauber dar. Den Schuldigen zu identifizieren war aber problematisch und, falls die Bestimmung des Codex Hammurapi tatsächlich befolgt wurde, war eine vor Gericht vorgebrachte Zaubereianklage mit einem erheblichen Risiko für den Kläger verbunden (zu Identifizierung des Zauberers und gerichtliches Verfahren s. S. 26-29). Dies mag der Grund dafür gewesen sein, daß man sich anscheinend durchwegs mit anderen Abwehrmethoden, nämlich Gegenzauberrituale und Medizin, begnügte, wobei man die Identität des Zauberers unberücksichtigt lassen konnte.

Das Abwehrritual

Das Abwehrritual operiert ausschließlich auf der "magischen" oder "übernatürlichen" Ebene, Zeugen und Beweise für Schuld oder Unschuld werden hier nicht verlangt. Man erspart sich also eine eventuelle peinliche Konfrontation mit dem Gegner und verfügt außerdem mit dem Ritual über eine Methode, die es ermöglicht, auch gegen unerreichbare Gegner vorzugehen, wenn die Zauberer tatsächlich anonym sind und deswegen durch ein Gerichtsverfahren nicht beseitigt werden könnten.

Das am häufigsten in der Überlieferung vertretene Abwehrritual ist, wie in der Serie Maqlû, ein Bildzauberritual, das fast immer vor Šamaš ausgeführt wird. Ein solches Ritual bietet jedoch nicht nur eine Alternative zum Prozeß, sondern ist gewissermaßen selbst ein Prozeß in rituellem Gewand. Dies bedeutet, daß man die aus welchen Gründen auch immer undurchführbaren Prozesse auf einen rituelle, "magische" Ebene gebracht hat. Im "Prozeß-Ritual" werden die Angeklagten, die Zauberer, von Figuren repräsentiert, da sie, wie es einmal heißt, "nicht anwesend sein können" (144), und Šamaš, der Gott der Gerechtigkeit, ist der Richter. Die Anklageschrift besteht in der vom Bezauberten vorgetragenen Beschwörung, die meist die Handlungen der Zauberer sehr ausführlich beschreibt und den Gott auffordert, da er die Identität und die Schuld der Angeklagten besser kennt, das Urteil zu fällen. Dieses und die Strafe werden im Ritual vorweggenommen, indem man am Ende des Rituals die Figuren zerstört und dadurch dem Gott gegenüber den Wunsch des Bezauberten verdeutlicht, die Gegner zu verurteilen, ihn aber freizusprechen und wieder gesund werden zu lassen. Das Ziel des Rituals, die Ausführung der Bestrafung der Zauberer, bleibt dem Gott überlassen, erfolgt somit nicht direkt als Ergebnis der rituellen Handlungen, sondern einzig und allein als göttliches Urteil, wie es ebenso auf das Ordal zutrifft.

Maqlû ist wohl das aufwendigste unter den überlieferten Gegenzauberritualen. Nachts werden u.a. mehrere Figurenpaare des Zauberers und der Zauberin, ein Bootmodell und eine Hand aus Talg verbrannt, weiße Wollfäden verknotet, die Tür zum Schutz mit Mehl bestrichen, man räuchert mit Weihrauch. Am

Morgen wäscht sich der Bezauberte, d.h. der König, die Hände
über Zeichnungen und Figuren der Zauberer, die sich daraufhin auflösen. Andere Figuren aus Teig werden Hunden zum Fraß
vorgeworfen.

Damit kann ein spätbabylonisches Ritual verglichen werden,
das einige auch in der Maqlû-Serie vorhandene Beschwörungen, allerdings in veränderter Reihenfolge, aufführt. Soweit dem teilweise fragmentarischen Text zu entnehmen ist,
ähneln die Anweisungen dem Maqlû-Ritual (145).

Eine andere Beschwörung, deren Themen sich sehr eng an die
Maqlû-Beschwörungen anlehnen, bedient sich eines etwas einfacheren Rituals. Zuerst werden Opfergaben für Šamaš dargebracht, dann zwölf Gruppen à vier Figuren vorbereitet, eine
Fackel angezündet und in das zuvor mit Pappelholz ausgestattete Räucherbecken gelegt. Die Beschwörung wird dreimal
rezitiert, die Figuren gekocht (oder gebacken?) und anschließend im Wasser gelöscht, die Beschwörung "Ihr Wasser"
rezitiert, schließlich die (restlichen?) Figuren verbrannt
und an einem öden Ort weggeworfen. Der Bezauberte zieht sein
Kleid aus und spricht die Beschwörung "Ich habe ausgezogen,
ich habe ausgezogen!" (146). Hier konzentriert sich das
Ritual auf die drei Hauptthemen aller rituellen Vorgänge:
Opfer, symbolische Handlungen (Zerstörung der Figuren) und
Reinigung (durch Ausziehen der Kleider).

Wenn auch wegen fehlender einschlägiger Quellen spekulativ,
so bleibt es doch immerhin denkbar, daß man im Zerstörungsprozeß ein Zeichen der Akzeptanz der Gottheit gesehen hat,
wenn etwa die Figuren vollständig verbrannten oder sich
mühelos im Wasser auflösten, bzw. der Ablehnung, wenn sie
nicht völlig vernichtet wurden. Hierfür können folgende
Ausdrücke aus Beschwörungen angeführt werden, in denen der
Feuergott als Urteilsvollstrecker angesprochen wird:

> "Šamaš, möge Girra, der "Verbrenner", sie verbrennen,
> möge Girra sie böse anblicken, möge Girra sie brennen,
> möge Girra sie zum Schmelzen bringen, möge Girra sie zum

Glühen bringen (...), möge Girra sie Namtar, dem Wesir der Unterwelt, übergeben" (147).

"Gewaltiger Girra, (...) der die Bösen verbrennt, den Sproß des Zauberers und der Zauberin, der den Schlimmen vernichtet, den Sproß des Zauberers und der Zauberin, an diesem Tag tritt auf in meinem Prozeß! (...) Wie diese Figuren zergehen, zerfließen und zertropfen, so mögen Zauberer und Zauberin zergehen, zerfließen und zertropfen!" (148).

Das Problem des Abwehrzaubers besteht darin, daß der Zauber nicht, oder zumindest nicht ohne weiteres aufgelöst und unschädlich gemacht werden kann. Im Idealfall mußte derjenige, der den Zauber ausgeübt hatte, ihn auch wieder aufheben, was natürlich schwierig zu erreichen war. Wahrscheinlich bedeutete der Tod des Zauberers auch die Vernichtung seiner Zaubereien; dies mag vor allem der Grund dafür sein, daß der Zauberer, sofern man ihn ergreifen konnte, getötet werden sollte. Eine andere, jedoch ähnliche Methode zielte auf die Umkehrung des Zaubers an seinen Verursacher. Die Hoffnung, daß die Zauberwirkungen den Zauberer selbst treffen mögen, ist häufig in den Beschwörungen erwähnt, so z.B.:

"Girra, der Held, möge deinen Knoten zerbrechen, und alles was du gezaubert hast, möge er dich empfangen lassen" (149).

"(Nusku!) Der Zauberer, der mich verzaubert hat, mit dem Zauber, mit dem er mich verzaubert hat, verzaubere du ihn!" (150).

"Meine Zauberin und meine Hexe (...), ich schicke gegen dich Thymian(?) und Sesam. Ich zerstreue deine Zaubereien, wende deine Worte in deinen Mund zurück. Die Hexereien, die du gemacht hast, seien gegen dich selbst gerichtet. Die Figuren, die du angefertigt hast, mögen dir entsprechen, das Wasser, das du geschöpft hast, sei dein eigenes. Deine Beschwörung soll sich mir nicht nähern, deine Worte sollen mich nicht erreichen. Auf Befehl von Ea, Šamaš und Marduk und der Fürstin Bēlit-ilī" (151).

"Den bösen Udug-Dämon habt ihr mich packen lassen, der böse Udug-Dämon packe euch!" (152).

"Vor der reinen Ištar und vor Dumuzi sollt ihr das Böse, das mich ergriffen hat, sofort (selbst) empfangen!" (153).

Es muß hier betont werden, daß diese "Umdrehung" der Zauberei in fast allen Fällen von einem Gott oder auf dem Befehl einer Gottheit hin vollzogen wird.

Ferner erwähnen die Beschwörungen die Einkreisung der Zauberer; in einem Text aus der Maqlû-Serie sprechen z.B. die zwei Töchter von Anu:

"Wir sind gegangen, um den Zauberer und die Zauberin des NN, Sohnes des NN, einzukreisen, um ihre Splitter aufzuheben (und) um ihre Abfälle einzusammeln" (154).

In den drei hier erwähnten Formen des Abwehrzaubers nämlich "Prozeßritual", Zurückschickung des Zaubers und Einkreisung der Zauberer, bedient man sich in etwa der gleichen Methoden wie die Zauberer. Wasser oder Abfälle der Zauberer werden eingesammelt, Figuren angefertigt und beseitigt, zerstört oder begraben. Die Zauberer werden folglich mit ihren eigenen Praktiken geschlagen: was in einer Richtung wirksam ist, kann auch mit Erfolg in der entgegengesetzten Richtung angewandt werden. Wenn die Diagnose erwähnt, daß Figuren des Kranken hergestellt worden sind, schreibt das Abwehrritual meistens die Anfertigung von Figuren der Zauberer vor.

In diesem Zusammenhang sei nochmals auf den zikurudû-Zauber hingewiesen. Hier scheint es nämlich ein Prinzip zu sein, das Abwehrritual vor dem Gott oder einem Stern auszuführen, vor dem auch der Zauber ausgeführt wurde. Der Zauberer selbst oder die dabei angerufene Gottheit mußte bei der Aufhebung der Zauberwirkungen beteiligt oder einbezogen werden.

Während die eben beschriebenen Methoden speziell auf den Abwehrzauber zutreffen, existieren auch andere Mittel gegen Schwarze Magie. Zu ihnen gehört das Ersatzritual, wobei Zauberwirkungen wie Krankheiten u. a. mehr auf andere Lebewesen, so z.B. ein Zicklein, überführt werden. Diese Methode ist selten im Zusammenhang mit Abwehrzauber bezeugt, während sie relativ häufig gegen verschiedene Krankheiten oder Dämonen eingesetzt wird.

Schließlich kann man sich durch Reinigungen von den Zauberwirkungen befreien. Sie geschehen üblicherweise durch bestimmte Kräuter, z.B. Tamariske, durch Wasser, das aus diesen Pflanzen zubereitet wurde, und durch Weihrauch. Dabei werden oft verschiedene Methoden im gleichen Ritual angewandt, so z.B. auch in Maqlû, wo sowohl Elemente eines "Prozeßrituals" wie Reinigungen mit Wasser, Pflanzen und Weihrauch belegt sind:

> "Die Tamariske, die im Wipfel hochgewachsen ist, mache mich rein! Die Dattelpalme, die den ganzen Wind auffängt, löse mich! Das Seifenkraut (maštakal), das die Erde füllt, mache mich glänzend! Der Tannenzapfen, der voll von Samen ist, löse mich!" (155).

Das Maqlû-Ritual endet mit einer umständlichen Handwaschungszeremonie.

Medizinische Mittel gegen Schwarze Magie

Neben den Ritualen gibt es zahlreiche Rezepte und Anweisungen für Medizinen, die gegen verschiedene Formen von Schadenzauber wirksam sein sollen. Šumma amēlu kāšip ist die Einleitung zahlreicher Rezepte, bzw. Rezeptsammlungen, die aber aller Wahrscheinlichkeit nach nicht zu einer "kanonischen" Serie zusammengefaßt worden sind. ana piširti kišpi (= UŠ11 BÚR.RU.DA) wird auch in medizinischen Texten als Gattungsbezeichnung benutzt; sie bezeichnet zudem Rituale. Ferner einige medizinische Texte, die Zauberei zusammen mit anderen Krankheiten erwähnen.

Als medizinische Mittel gegen schwarze Magie werden Kräuter, Mineralien und verschiedene tierische Produkte betrachtet, die sowohl für äußere wie für innere Anwendung zubereitet werden, also Salben, Ketten aus Steinen, Getränke, Klistiere usw. Bisweilen wird eine, meist verhältnismäßig kurze Beschwörungsformel über das Mittel gesprochen, oder vorgeschrieben, daß es an einem bestimmten Tag bzw. zu einer näher angegebenen Tageszeit eingenommen werden muß; vgl. hierzu folgenden Rezept:

> "Wenn ein Mann verhext ist, koche eine Scherbe aus dem Fluß zusammen mit Bitumen in einem tangussu-Topf, schütte es in feines Bier, nimm es am Neumondstag vor Šamaš und sprich folgendermaßen: "Zauberin, dein Zauber wird sich gegen dich wenden und dich packen!" Dies soll er sagen und er wird gesund" (156).

Die Ingredienzien der Arzneimittel sind sehr unterschiedlich. BAM 434 mit mehreren Rezepten gegen Zauberei (Ú UŠ11 BÚR.RU.DA) gibt für ein einziges Mittel bis zu 51 verschiedene Kräuter an, und die in den Antizaubermitteln angewendeten Drogen betragen insgesamt weitaus mehr als 100. Die zehn am öftesten genannten Kräuter, aufgelistet nach ihrer Häufigkeit: imhur-līmu, imhur-ešrā, hašû (Thymian?), tarmuš (Lupine?), maštakal (ein Seifenkraut), nīnû (Ammi?), nuhurtu (Asa foetida?), urnu (Minze?), bīnu (Tamariske) und atā'išu (weiße Nieswurz?) (157); sie werden generell als Heilkräuter verwendet. Ein spezielles Kraut oder eine Droge zur Abwehr von Zauber scheint es nicht gegeben zu haben.

Als Beispiele für die medizinische Behandlung von Zauberei seien folgende Belege aufgeführt:

"Wenn ein Mensch von Zauberei gepackt ist, diese hartnäckig fortdauert und nicht durch die Behandlung eines Arztes oder Beschwörers gelöst werden kann, (dann) zerstoße und siebe folgende sieben Drogen: imhur-līmu, imhur-ešrā(?), tarmuš, napruqu, hašû, Samen von [...] und Alaun, gib sie ihm auf nüchternen Magen entweder in Bier(?) oder in Wein zum trinken, (und) er wird gesund" (158).

"32 Drogen zur Lösung von Zauber: er soll sie entweder in Wein oder in Bier mit einem Löffel aus Tamariskenholz trinken" (159).

Die Drogen aber werden nicht nur als Medizin eingenommen, sondern auch als Amulette am Körper getragen:

"Wenn ein Mensch von bösen (Zauber)handlungen umgeben ist: damit die bösen (Zauber)handlungen dem Menschen nicht nahe kommen, sollst du folgende fünf Drogen, nämlich Ú.UD, annuhara (ein Mineral ähnlich den Alaun), Karneol, kasû (Kresse), urânu (Fenchel?) und imhur-līmu mit Wollflocke umgeben, mit Zedern-"Blut" besprengen, in einem Leder zusammenbinden und um seinen Hals legen" (160).

Auf diese Anweisung folgen mehrere ähnliche für den Fall, "daß ein Mensch (von) seinem Gegner mit Zauberei umgeben worden ist". Bei den Drogen, die "in einem Stück Leder gelegt werden sollen" handelt es sich u.a. um sikillu, šunû (Keuschbaum?), maštakal (Seifenkraut?), imhur-līmu und atbaru (Basaltlava?) (161), ferner um harmunu, mil'u ṣalmu (schwarzer Salpeter) und sassatu (Gras) (162), und schließlich um šunû, sikillu, maštakal, anhullu und ēdu (eine Art von Asa foetida?) (163).

Eine Kette zur Lösung von Zauberei besteht aus folgenden zehn Steinen, die auf einem weißen Faden aufgezogen werden: abašmû, zalāqu, ashar, NA4.SAG.GIL.MUD, Jaspis, "Kot des

Gottes Šeriš", ajjartu (weiße Koralle?), kapāṣu (Muschel?) und zibtu (164).

Auch Salben helfen gegen die Wirkungen von schwarze Magie; sie werden vorwiegend aus gestoßenem, mit Sesam-, Zedern- oder šurmēnu-Öl, gelegentlich auch mit tierischem Fett vermischten Kräutern zubereitet:

> "Wenn ein Mann - sein Kopf ist immer wieder angegriffen, [...] , seine Träume sind schrecklich, er spricht im Schlaf, seine Knie sind gebunden, sein Brustkasten gelähmt(?), sein Körper stets voll von Feuchtigkeit: dieser Mann ist verhext. Du zerstößt Tamariske zusammen mit maštakal und einem haluppu-Zweig (Eiche?), weichst es in Wasser auf und salbst ihn mit Zedernöl (und den Kräutern?). Nachher tust du Tamariske, maštakal und Seife in ein ...-Gefäß , schließt (die Ingredienzien) ein (und erwärmst sie) im Ofen, badest ihn (damit), und er wird genesen" (165).

Prophylaktische Mittel und Rituale

Die meisten Mittel wie die hier aufgeführten dienen dem Zweck, den Schadenzauber zu lösen. Aber es existieren auch vorbeugende Maßnahmen sowohl in Form von Arzneimitteln wie von Beschwörungsritualen; grundsätzlich unterscheiden sich diese jedoch nicht von den lösenden Mitteln. Als Kriterium dafür, ein Rezept oder Ritual als prophylaktisch zu bezeichnen, dient die Formel "damit Zauberei usw. sich dem Menschen nicht nähern soll". Eine Salbe, die nicht nur die durch Zauberei verursachte Impotenz heilt, sondern sogar lebenslängliche Immunität gegen Zauberei verspricht, wird folgendermaßen hergestellt:

> "Du salbst ihn (den Bezauberten) mit atā'išu, dem Jungen eines grünen Frosches und ...-Apfel (vermischt mit)

Zedernöl. So lange dieser Mensch lebt, wird er potent sein, und Zauberei wird sich ihm nicht nähern" (166).

Zum Schutz einer Schwangeren vor Schadenzauber dient folgendes Rezept:

"Damit Zauberei sich der schwangere Frau nicht nähern sie ihren Foetus nicht verlieren soll: Du zerstößt šadānu (Hämatit), lulû (Antimon), Staub des šubû-Steines und karān šēlebi ("Fuchs-wein") [...], vermischst es mit dem Blut eines weiblichen Rebhuhns(?) und mit šurmēnu-Öl; du reibst ihren "Oberleib", Unterleib und ihren Kopf ein, an ihren Kleidersaum bindest du rote Wolle, gibst ihr in die linke Hand einen männlichen šû-Stein und "wirfst" diese Beschwörung. Zauberei wird sich ihr (dann) nicht nähern" (167). Die an den Foetus gerichtete Beschwörung lautet: "Du, der im Dunkeln lebst, du von menschlicher Gestalt, warum weinst du im Mutterleib?" usw. (168).

Nicht unerwartet werden Ketten aus verschiedenen Steinen des öfteren als prophylaktische Mittel verwendet, so z.B.:

"šadānu ṣābitu (matter Hämatit), Karneol, Lapislazuli, [...] aus/vom Zedernholz/-baum, ṣurri ṣalmu (schwarzer Obsidian), parzillu (Eisen) und mil'u (Salpeter). Sieben Steine zur Lösung von Eid und Zauberei, damit [ziku]rudû(?) (und) Rechtsverdrehung sich dem Menschen nicht nähern sollen, (du ziehst sie) auf einen lapis-lazuli-farbenen Faden und legst sie um seinen Hals" (169).

Prophylaktische Beschwörungsrituale erwähnen nicht nur Zauberei (kišpu), sondern gleichzeitig mehrere Arten von Schadenzauber, wie es z.B. bei der Überschrift des Beschwörungsrituals an Marduk, BMS 12, der Fall ist: "Damit Haß, Rechtsverdrehung, zikurudû, Mundlähmung und Wankelmut(?) sich dem Menschen nicht nähern sollen" (170). Das gesamte Ritual dreht sich um die Herstellung einer Salbe und die Anfertigung einer Amulettkette, deren wichtigsten Bestandteil offensichtlich die anhullu-Pflanze bildet; in der an diese Pflanze gerichteten Beschwörung werden nochmals Zauberei, Bezauberung, Haß, Zorn des Gottes, der Göttin und der Menschen, zikurudû, Rechtsverdrehung, Mundlähmung und böse Zauberrituale erwähnt und mit der Bitte verbunden, den Menschen nicht mehr zu bedrohen (171).

Ein Namburbi-Ritual ist per se als prophylaktisch bezeichnet: "Damit sich Zauberei, Bezauberung, Spucke (und) böse Zauberhandlungen einem Mann oder einer Frau nicht nähern sollen" (172); sein Aufbau aber folgt dem eines gewöhnlichen Lösungsrituals: Figuren des Zauberers und der Zauberin werden angefertigt, Šamaš als Richter gezeigt und schließlich begraben; die vom Zauber bedrohte Person wird mit Weihrauch, Fackel und Weihwasser gereinigt und hat sich außerdem einen Monat lang täglich über den begrabenen Figuren zu waschen; erst dann "werden Zauberei, Bezauberung, Spucke (und) Zauberhandlungen sich gegen den Zauberer und die Zauberin selbst wenden, sich diesem Mann aber nicht nähern" (173).

Anmerkungen

Anmerkungen zur Einleitung, S. 9-15:

1. Der von E. Ebeling bearbeitete Text, KAR 373 ("Ein babylonisches Beispiel Schwarzer Magie". OrNS 20 (1951) 167-170), ist in Wirklichkeit keine Zauberbeschwörung; s. hierzu E. Reiner, La Magie babylonienne: Le monde du sorcier. (Sources Orientales, 7.) Paris 1966, S. 97 Anm. 10: (Der Text) "n'est en vérité qu'un serment niant une dette ou l'accusation d'un détournement de fonds. Le serment, comme il est d'usage dans les actes juridiques babyloniens, comporte une malédiction contre la personne qui le prête et contre sa famille s'il est parjure".
2. E.E. Evans-Pritchard, Hexerei, Orakel und Magie, S. 60.
3. Ibid. S. 60ff. und S. 77.
4. Vgl. z.B. B. Meißner, Babylonien und Assyrien. Bd. II, S. 198: "Die alten Bewohner des Zweistromlandes haben sich wie viele andere primitive Völker die Entstehung von Krankheiten (...) nicht anders erklären können als durch die Einwirkung böser Dämonen, die den Menschen in Besitz nehmen und ihn unrein und krank machen. Unter dem Drucke dieses furchtbaren Aberglaubens stand ihr ganzes Leben (...)", ähnlich R. Labat in Die altorientalischen Reiche III (Fischer Weltgeschichte Bd. IV), S. 81: "Asarhaddon war schon von Natur aus ein Zauderer. Unentschlossen, abergläubisch, ängstlich und nicht selten der Spielball in den Händen seiner Ratgeber, lebte er in ständiger

Furcht vor ungünstigen Vorzeichen, Krankheit oder dem Zorn der Götter".

5. R.D. Biggs, ŠÀ.ZI.GA S. 40f.: KAR 70 (Rs. 25): DUMU.SAL (d)Nin-gír-su pa-ši-ri ana-ku (26) um-mi pa-ši-rat a-bu-ú pa-ši-ir (27) ana-ku ša al-li-ka pa-šá-ru-um-ma a-pa-áš-šar (28) šá NN A NN GÌŠ-šú lu-u GIŠ.PA mar-te-em-ma (29) li-duk KÁ šu-bur-ri šá an-ni-tu-ú-a (30) la i-šab-ba-a la-la-a-šá.
6. Ibid. S. 41.
7. SBTU II 22 (IV 11): ana NA EN KA.KA-šu KA.DIB.BI.DA TUKU-ši-ma ina di-ni-šú UGU-šu (12) ú-šu-uz-zu SAG.DU TI8(mušen) PA TI8(mušen) SÍK UR.MAH ina KUŠ.
8. A. Falkenstein, "Sumerische Beschwörungen aus Boğazköy". ZA 45 (1939) 8-41. S. auch C. Wilcke AfO 24 (1973) S. 10-13, zu einer neuen Bearbeitung dieses Textes mit einem zusätzlichen Duplikat aus der John Rylands Library.
9. Maqlû IX (Ritualtafel) (95): EGIR-šú ÉN UDUG.HUL EDEN-NA-ZU-ŠÈ a-di [ni-pi-ši-šá] (96) ŠID-ma. Zu dieser Beschwörung s.M.J. Geller, Forerunners to Udug-hul S. 78-81 Z. 841-855, und den Kommentar dazu S. 135.

Anmerkungen zu: Terminologie, S. 16-20:

10. Codex Hammurapi §2; Mittelassyrische Gesetze §47. Für diese Belege s. S. 27 und 28.
11. Vgl. AHw II S. 993: ruhû "Bezauberung", abgeleitet von rehû "begatten, zeugen, sich ergießen" (S. 969); rusû "Befeuchtung, Zauber", von russû, etwa "(durch Wasser) aufweichen" (S. 996).
12. TDP S. 176 Z. 1-4 führt drei Diagnosen als "Hand der Menschheit" auf, Z. 5 lautet nach R. Labat TDP S. 176: NA BI ana maš-taq-ti kiš-pu šu-kul "Diesem Mann hat man Zauberei zu essen gegeben, um ihn mit der maštaqtu-Krankheit zu schlagen". In der Kopie des betreffenden Textes steht aber nur: ana TAG-ti "um krank zu machen".
13. Codex Ur-Nammu §10 ist scheinbar parallell zu Codex Hammurapi §2 gegen Schadenzauber; die entscheidende Stelle im sumerischen Text ist jedoch zerstört: tukumbi nam.KAx?- ⌜x⌝ lú lú-ra in-da-a[b-l]á "Wenn ein Mann einem

anderen Mann des ... anklagt" (s. J.J. Finkelstein, "The Laws of Ur-Nammu". JCS 22 (1969) S. 68 Z. 270-280). S.N. Kramer ergänzte in OrNS 23 (1954) S. 44 Z. 271: nam-uš9(=KAxB AD)-zu(?), die Spuren auf der Kopie (OrNS 23 Tab. VII Ni 3191 Rs. II Z. 8 v. unten) lassen dies aber nicht mit Sicherheit zu; vgl. hierzu Finkelstein JCS 22 S. 74.

14. Das eingeschriebene ÚŠ ist möglicherweise nur phonetisches Komplement, vgl. KAxME = eme "Zunge".
15. Tempelhymnen Z. 432, s. Å. W. Sjöberg and E. Bergmann, The Collection of the Sumerian Temple Hymns, S. 42. Variante hat [ga] ba? statt galam.
16. Vgl. A. Berlin, Enmerkar and Ensuhkešdanna S. 6f.
17. Zu KA.HI.KÚR.RA s. W. Farber, Beschwörungsrituale S. 74f.; entspricht etwa šinīt ṭēmi "Plan-, Gesinnungs- änderung", "Wahnsinn".
18. Zu Z. 109 s. W. von Soden, "Zur Wiederherstellung der Marduk-Gebete BMS 11 und 12". Iraq 31 (1969) S. 89.

Anmerkungen zu: Zauberer und Zauberin, S. 21-29:

19. Maqlû II 182; 206; IV 76; V 51; 82; VII 58. Vgl. auch VIII 55.
20. Maqlû IV (3): at-ta man-nu DUMU man-ni at-ti man-nu DUMU.MUNUS man-ni (4) šá áš-ba-tu-nu-ma ip-še-ku-nu up-šá-še-ku-nu (5) te-te-ni-ip-pu-šá-ni ia-a-ši.
21. Maqlû I (87): [(d)Nus]ku da-a-a-nu ZU-⌈x⌉-šú-nu-ti-ma ana-ku la i-du-šú-nu-ti.
22. W.G. Lambert, "An Incantation of the Maqlû Type". AfO 18 (1957-58) S. 294: (70) DINGIR-ut-ka GAL-ti (Var. -tú) ZU-ú DINGIR a-a-um-ma la (Var. NU) ZU-ú (71) at-ta-ma ZU-ú a-na-ku NU ZU-u.
23. Für die Gesetze s. S. 27 und 28.
24. R. Caplice, "Namburbi Texts in the British Museum IV". OrNS 39 (1970) S. 135 Z. 33: MU.NE.NE ina MAŠ.SILA3 GÙB-šú-nu SAR-ár.
25. Zu bēl amāti s. die S. 51f. mit Anm. 121 zitierte Dia- gnose; ferner SBTU II 22 und CAD A/II S. 43.
26. Vgl. T. Abusch, "Mesopotamian Anti-Witchcraft Litera-

ture: Texts and Studies". JNES 33 (1974) 251-262, hier bes. S. 252 und 259 (für den Monat Abu).

27. Vgl. S.D. Walters, "The Sorceress and Her Apprentice. A Case Study of an Accusation". JCS 23 (1970) S.37.

28. KAR 32 (Z. 38): šá GIG mar-ṣa-ku-ma DINGIR at-ta ZU-u a-na-ku NU ZU-u (39) ù man-ma-an NU ZU-u áš-šú GIDIM kim-ti-ia šá šak-na (40) lu GIDIM a-hu-u lu hab-bi-lu lu šá-gi-šú.

29. Vgl. S. Rollin, "Women and Witchcraft in Ancient Assyria (c. 900-600 B.C.)". In: A. Cameron, A. Kuhrt (eds.), Images of Women in Antiquity. London/Canberra 1983, S. 34-45.

30. SBTU II 22 (IV 7): ana NA ú-piš MUNUS-šú NU KUR-šú.

31. Maqlû IV (106): gu-ti-e-ti e-la-[ma-a-ti] (107) ma-rat ha-ni-gal-bat-a-[ti] ; Maqlû IV (119) MUNUS.UŠ11.ZU e-la-ma-a-ti ana-ku pa-ši-ra-ak (120) MUNUS.UŠ11.ZU qu-ta-a-ti ana-ku pa-ši-ra-ak (121) MUNUS.UŠ11.ZU su-ta-a-ti (...) (122) MUNUS.UŠ11.ZU lul-lu-ba-a-ti (...) (123) MUNUS.UŠ11.ZU ha-ni-gal-ba-a-ti (...).

32. Vgl. Volkert Haas, "Die Dämonisierung des Fremden und des Feindes im Alten Orient". In: Rocznik Orientalistyczny 41/2 (1980) 37-44.

33. S. Anm. 21. Einen ähnlichen "Katalog" bietet die von W.G. Lambert in AfO 18 bearbeitete Beschwörung, S.289: Z. 1-5.

34. S. Rollin (s. Anm. 29) S. 38f.

35. Maqlû III (40): ÉN MUNUS.UŠ11.ZU nir-ta-ni-tum (41) e-li-ni-tum nar-šin-da-tum (42) a-ši-ip-tum eš-še-bu-ti (43) MUŠ.LAH5-tum a-gu-gi-il-tum (44) MUNUS.NU.GIG LUKUR (45) (d)XV-i-tum kul-ma-ši-tum. Vgl. auch Maqlû IV (126) MUNUS.UŠ11.ZU MUŠ.LAH4.LAH4-at ana-ku pa-ši-ra-ak (127) MUNUS.UŠ11.ZU eš-še-ba-a-ti [ana-ku pa-si-ra-ak].

36. Maqlû III (121): a-na e-piš-ti ip-ši-ma iq-bu-ú (122) a-na sa-hir-ti suh-ri-ma iq-bu-ú. Die gleiche Wendung findet sich in UET VI 410 Rs. 2-4; s. O.R. Gurney, "A Tablet of Incantations against Slander". Iraq 22 (1960) S. 224f.: (Rs. 2): šá i-pu-ša-an-ni uš-te-piš-an-ni ina mi-il ÍD DÙ-an-[ni] (3) ina mi-ṭi ÍD DÙ-an-ni a-na e-piš-ti DÙ-š[i-m]a (4) a-na sa-hir-ti su-uh-ri-{šum}-mi iq-

bu-ú "Die, die mich bezaubert hat, andere mich hat bezaubern lassen, die mich bei Hochwasser bezaubert hat, mich bei niedrigem Wasser bezaubert hat", usw; s. auch W.G. Lambert, AfO 18 S. 289 Z. 7-8; und J. Laessøe, Bît rimki S. 38 Z. 9-10, mit der Hinzufügung: (Z. 11) ša šá-nam-ma ú-šá-hi-za, "Der, der einen anderen mich packen ließ". Auffallend ist bei solchem Verdacht hinsichtlich von Zauberaufträgen, daß der Gegenzauber dennoch nicht gegen den tatsächlichen Ausführenden des Zaubers, sondern gegen den Auftraggeber gerichtet ist.

37. Codex Hammurapi §2, vgl. G.R. Driver, J.C. Miles, The Babylonian Laws, II. S. 12-15.
38. Vgl. G.R. Driver, J.C. Miles, The Assyrian Laws. S. 414-417.
39. S.D. Walters, "The Sorceress and Her Apprentice. A Case Study of an Accusation". JCS 23 (1970) 27-38.
40. Ibid. S. 29: NCBT 1859 Z. 12: er-re-šum ú-qá-al-li-la-an-ni-ma.
41. Ibid. S. 29: NCBT 1859, 22-23: aš-ša-at-ka ù e-mi-it-ka ka-aš-ša-pa-ti-ka u-ša-ak-la.
42. Ibid. S. 29: NCBT 1859, 25-26: a-na-ku ka-aš-ša-ap-ta-ka u-ša-ak-la.
43. Der Ausdruck "deine Zauberinnen" bedeutet sicherlich "die, die dich bezaubert haben"; es ist also der Sohn, der verhext ist und deshalb gegen seinen Vater handelt. Vgl. auch die häufige Wendung "meine Hexe" in Maqlû.

Anmerkungen zu: Die Methoden der Schwarzen Magie, S. 30-49:

44. AMT 48,2 (1): [DIŠ N]A SAG.ŠÀ-šú ru-púl-ta TUKU.MEŠ-ši SAG.ŠÀ-šú ú-ṣa-rap-šú (2) ur-ra u GI6 la i-ṣal-lal NINDA u A LÁ UZU-2-šú tab-ku (3) NA BI kiš-pi KÚ u NAG.
45. AMT 48,2 (3): a-na šup-šu-ri (ú)a-ri-ha SÚD (4) ina GEŠTIN SUR.RA NAG-šu ina DÚR-šú SI.SÁ-ma TI. Für arīhu s. CAD A/II S. 267: "a kind of milkweed". Für GEŠTIN SUR.RA s. CAD S S. 63 (karānu) šahtu "drawn (said of wine)" und S. 64: "The te rm must refer primarily to grapes or a grape mash as well as to the liquid decanted ("drawn") from such a mash".

46. Duplikate sind BAM 193 II 2'ff. und STT 102 Vs. 7ff. Zu Übersetzungsvorschlägen für die Pflanzennamen, s. AHw.
47. BAM 237 (IV 29): DIŠ MUNUS Ú.HI.A zi-ru-te šu-ku-ul (für šukulat!) A.MEŠ ina ŠÀ SAL.LA-šá ma-gal DU-ku.
48. AMT 92,1 (II 11'): ÉN i-pu-šá MUNUS.UŠ11.ZU kiš-pi-šá lim-[nu-ti ...] (12') KÚ-an-ni ina ru-he-e-šá NU [DÙG.GA] (13') NAG-an-ni maš-qu-ti-šá [...] TU5-an-ni rim-ka lu-uh-[...]. Parallell hierzu ist BRM IV 18, 3.
49. Maqlû I (103): [NINDA.MEŠ kaš]-šá-pu-ti ú-šá-ki-lu-in-ni (104) [A.MEŠ] kaš-šá-pu-ti iš-qu-in-ni (105) rim-k[i lu]-'-ti ú-ra-me-ku-in-ni (106) nap-šal-ti šam-me (Var. Ú.HI.A lim-nu-ti ip-šu-šu-in-ni.
50. UET VI/2, 410 (Vs. 28): DIŠ NA SA.GAL-šú i-ta-dar a-na da-ba-bi ŠÀ-šú NU ÍL-šú NA [BI k]a-šip (29) Ì la-ta-ki ŠÉŠ (anders O.R. Gurney Iraq 22 S. 224f. und 226).
51. R.D. Biggs, ŠÀ.ZI.GA. S. 70. Ein ähnliches Ritual ist KAR 69 Z. 4-5, ibid. S. 74.
52. KAR 69 Rs. 20-21, s. Biggs ŠÀ.ZI.GA S. 77. Dieses Ritual soll, um Erfolg zu haben, am 21. Tag des Monats ausgeführt werden (Rs. 22).
53. So z.B. Maqlû I (96): šá NU.MEŠ-ia ib-nu-u bu-un-na-an-ni-ia u-maš-ši-lu4 (...) (102) man-ga lu-'-tú ú-mal-lu-in-ni (103) [NINDA.MEŠ kaš]-šá-pu-ti ú-šá-ki-lu-in-ni (104) [A.MEŠ] kaš-šá-pu- ti iš-qu-in-ni (105) rim-k[i lu]-'-ti ú-ra-me-ku-in-ni (106) nap-šal-ti šam-me (Var. Ú.HI.A) lim-nu-ti ip-šu-šu-in-ni (107) ana LÚ.UŠ i-hi-ru-in-ni (108) A.MEŠ ZI-ti-ia5 ina qab-rì uš-ni-lu, "(Die Zauberer), die meine Figuren gefertigt, meine Gestalt nachgebildet haben, (...) die mich mit Lähmung und Schwäche angefüllt haben, mich bezauberte Speise essen, bezaubertes Wasser trinken liessen, mich mit schmutzigem Wasser wuschen, mich mit Salbe aus bösen Kräutern salbten, mich für einen Toten erwählten, mein Lebenswasser ins Grab legten".
54. Vgl. C. Daxelmüller, M.-L. Thomsen, "Bildzauber im alten Mesopotamien". Anthropos 77 (1982) 27-64.
55. G. Meier, "Ein akkadisches Heilungsritual aus Boğazköy". ZA 45 (1939) 195-215; S. 200f. Kol. I 1-14.
56. Maqlû I (131): šá NU.MEŠ ana pi-i NU.MEŠ-ia5 ib-nu-ú bu-

un-na-ni-ia u-maš-ši-lu (132) UŠ11-ia5 il-qu-ú SÍG-ia5 im-lu-su (133) TÚG.SÍG-ia5 ib-tu-qu e-ti-qu SAHAR.HI.A GIRI3-II-ia5 iš-bu-šú.

57. Akkadisch: huṣābu, laut CAD H S. 258f. "a cut off piece of wood", "a part or product of the palm tree", aber auch in übertragener Bedeutung: "a thing of little value". Vgl. AHw I S. 360: "Stück 'grünes' Holz, bildl. Splitter, Kleinigkeit".

58. Maqlû II (182): ÉN at-ti man-nu MUNUS.UŠ11.ZU šá ina ÍD im-lu-' IM-a-a (183) ina É e-ṭi-i ú-tam-me-ru NU.MEŠ-ia (184) ina qab-rì it-[bu-ku] A.MEŠ-e-a (185) ina tub-qi-na-ti u-laq-qi-tu hu-ṣa-bi-e-a (186) ina É LÚ.AZLAG ib-tu-qu [TÚG.SÍG-ia] (187) ina KUN4 iš-bu-šu SAHAR.HI.A [GIRI3-ia].

59. W.G. Lambert, AfO 18 S. 291 (Z. 20): šārtī(SÍG) im-lu-su sissik[ti] (TÚG.S[ÍG]) ib-tu-qu (21) ru'ti(ÚH) il-qu-ú eper (SAHAR) šēpēII-ia5 iš-bu-šu man-da-at la-ni-ia5 ú-man-di-du (22) ṣalmāni(MEŠ)-ia5 lu šá (giš)bīni lu šá (giš)erini lu šá lipî(Ì.UDU) lu šá iškuri(GAB.LÀL) (23) lu šá kuspi (GABA.ŠE. GIŠ.Ì) lu šá iṭṭî(ESIR) lu šá ṭiṭṭi(IM) lu šá līši(NÍG.LAG.GÁ) (24)[lu šá līš(NÍG.LA]G.GÁ) šiguši(ŠE.MUŠ5) lu šá līš qalî(ŠE.SA.A) lu-u īpušū(DÙ)-ma. Ähnliche Belege sind BMS 12, 54-55; KAR 80 Vs. 30-33; J. Læssøe, Bît rimki S. 38 Z. 17-19.

60. BRM IV 12 (74): ina É LÚ MUNUS.UŠ11.ZU (75) SAHAR.HI.A ki-bi-is GIRI3 LÚ ⟨ana⟩ kiš-pi TI.MEŠ.

61. Zu KUB XXX 1 mit dem zweisprachigen Duplikat PBS I/2, 122 s. A. Falkenstein, ZA 45 S. 8-41; vgl. oben Anm 8.

62. Vgl. hierzu R. Borger, "Die erste Tafel der zi-pà- Beschwörungen (ASKT 11)". (AOAT 1) S. 6: (60) nì-ag-a ka-uš11/12-hul-gál-du11-ga-ke4 (61) kuš-a-gá-lá-nì-hul-dím-ma-kéš-da (...) (69) uš11/12-hul-sahar-nu-dul-la (70) IM nu-gi4-edin-na-ke4 = (60) up-šá-šu-u ru-u'-tu šá ina pi-i lem-niš na-da-at (61) na-ru-qu up-šá-še-e šá lem-nis rak-sat (...) (69) ru-u'-tu le-mut-tú ša e-pe-ri (70) lu kàt-mu šá-ar ṣe-rim la ed-pu "Hexereien, Speichel, der vom Munde in böser Absicht zugebunden ist (...), Speichel, der nicht mit Erde bedeckt ist, den der Wind des Feldes nicht verweht hat".

63. Im Text steht am Ende jeder der Zeilen Maqlû IV 17-38 und 46-54 TE, was möglicherweise auf eine ständige Wiederholung von IV 16 hinweist: te-pu-šá-ni tu-še-pi-šá-ni (d)GIŠ.BAR lip-šur "Ihr habt gezaubert, ihr habt zaubern lassen, Girra möge es lösen".

64. Maqlû IV (17): a-na LÚ ÚŠ ta-hi-ra-in-ni TE (18) a-na gul-gul-la-ti tap-qí-da-in-ni TE (19) a-na GIDIM kim-ti-ia tap-qí-da-in-ni TE (20) a-na GIDIM a-hi-i tap-qí-da-in-ni TE (21) a-na GIDIM mur-tap-pi-du šá pa-qí-da la i-šu-u (22) a-na GIDIM har-bi na-du-ti tap-qí-da-in-ni TE (23) a-na EDIN ki-di u na-me-e tap-qí-da-in-ni TE (24) a-na BÀD ù sa-me-ti tap-qí-da-in-ni TE (25) a-na (d)be-lit EDIN u ba-ma-a-ti tap-qí-da-in-ni TE (26) a-na UDUN la-ab-ti NINDU KI.NE KI.UT.BA ù nap-pa-ha-ti KI.[MIN] TE (27) NU.MEŠ-ia a-na LÚ ÚŠ tap-qí-da TE (28) NU.MEŠ-ia a-na LÚ ÚŠ ta-hi-ra TE (29) NU.MEŠ-ia it-ti LÚ ÚŠ tuš-ni-il-la TE (30) NU.MEŠ-ia ina ÚR LÚ ÚŠ tuš-ni-il-la TE (31) NU.MEŠ-ia ina KI.MAH LÚ ÚŠ taq-bi-ra TE (32) NU.MEŠ-ia a-na gul-gul-la-ti tap-qí-da TE (33) NU.MEŠ-ia ina É.GAR8 tap-ha-a TE (34) NU.MEŠ-ia ina I.LU tuš-ni-il-la TE (35) NU.MEŠ-ia ina bi-' šá BÀD tap-ha-a TE (36) NU.MEŠ-ia ina ti-tur-ri taq-bi-ra-ma um-ma-nu ú-kab-bi-su TE (37) NU.MEŠ-ia ina bu-ri E šá LÚ.AZLAG PÚ tap-ta-a taq-bi-ra TE (38) NU.MEŠ-ia ina E šá LU.NU.GIŠ.KIRI6 PÚ tap-ta-a taq-bi-ra TE (39) NU.MEŠ-ia lu-u šá GIŠ.ŠINIG lu-u šá GIŠ.EREN lu-u šá Ì.UDU (40) lu-u šá GAB.[LÀL] lu-u šá GABA.ŠE.GIŠ.Ì (41) lu-u šá A.[ESÍR lu-]u šá IM lu-u šá NÍG.LAG.GÁ (42) NU.MEŠ-ia muš-šu[-lat] pa-ni-ia u la-ni-ia te-pu-šá-ma (43) [... tu-]šá-ki-la ŠAH tu-šá-ki-la (44) [MUŠEN AN.NA] tu-šá-ki-la ana ÍD ŠUB-a (45) NU.MEŠ-ia a-na La-maš-ti DUMU.MUNUS (d)A-nim (46) tap-qí-da TE (47) NU.MEŠ-ia a-na (d)GIŠ.BAR tap-qí-da TE (48) A.MEŠ-ia it-ti LÚ ÚŠ tuš-ni-il-la TE (49) A.MEŠ-ia ina ÚR LÚ ÚŠ tuš-ni-il-la TE (50) [A.MEŠ ina KI].MAH LÚ ÚŠ taq-bi-ra TE (51) [...]-tim A.MEŠ-ia taq-bi-ra TE (52) [...] -tim A.MEŠ-ia taq-bi-ra [TE] (53) [...]-tim A.MEŠ-ia tah-ba-a [TE] (54) [A.MEŠ-ia ana (d)] Gilgameš ta-ad-di-na [TE].

65. Zu Kūbu als der dämonisierten Frühgeburt s. W.H.Ph.

Römer, "Einige Bemerkungen zum dämonischen Gotte ᵈKūbu(m)". In: Symbolae Biblicae et Mesopotamicae Francisco Mario Theodoro de Liagre Böhl dedicatae. (Studia Francisci Scholten memoriae dicata, 4.) Leiden 1973. S. 310-19.

66. Hubur ist der Unterweltfluß (s. RlA IV S. 478f. "Hubur"), wer ihn überschritten hat, ist tot und kann nicht mehr zum Leben zurückkehren.

67. Die Bedeutung dieser Aussage ist unklar. Da der Text an der fraglichen Stelle zerstört ist, kann man statt "26. Tag" auch "27. oder 28. Tag" lesen (so Lambert AfO 18 S. 296 zu Z. 44).

68. W.G. Lambert, AfO 18, S. 292f. (Z. 25): [kalba l]u-u ú-šá-ki-lu šahâ MIN iṣṣūr šamê(e) MIN nūn apsî MIN (...) (28) [ṣalmāni] (meš)-ia īpušū-ma ina sūn(ÚR) mīti(LÚ ÚŠ) iš-ku-nu (29) [MIN] ina sa-met dūri ip-hu-u ina bi-'i šá dūri i-te-pu-ú (30)[MIN]ina šaplān(KI.TA) (d)Kù-pu uš-ni-lu MIN ina kišād (d)Sibitti(IMIN.BI)[...] (31) MIN ina [x] kiš-kát-te-e pa-ga-ri [...] (32) MIN ina kibir(KI.A) nāri ki-lal-le-e ú-ta[m-me-ru] (33) [MI]N ina hurri (HABRUD) e-reb (d)Šamši(ši) ip-hu-u MIN ina bīt (d)Kù-pu šá x[...] (34) [MIN] ina utūn(UDUN) pa-ha-ru iš-ru-pu MIN ina utūn(UDUN) sābî(LÚ.KAŠ.TIN.N[A)[...] (35) [MI]N ina kan-ni ṣāhiti(LÚ.Ì.ŠUR) it-me-ru MIN ina ⟨utūn⟩ la-ab-t[i iq-lu-]ú (36) MIN ina ti-nuri siparri(ZABAR) iq-lu-ú MIN ina ṣi-it (d)Šamši(ši)[iq-lu-]ú (37) MIN ina e-reb (d)Šamši iq-lu-u MIN ina e-reb abul[li it-me-]ru (38)[MIN] ina sūqi(SILA) erbetti(TAB.TAB.BA) ú-tam-me-ru MIN ina šaplāna(KI.TA-na) (d)Kù-[pu it-me-]ru (39)[MIN kim]a pi-sa-an-nu mu-šar-di-i ina būri(TÚL) iš-ku-na-m[a ...]-hu (40) [... kima?] kakkab šá-ma-mi ú-[še-ri-]du (...) (42) [MIN ana (d)Gi]lgameš(GIŠ.TU.BAR) id-di-nu-ma (íd)Hu-bur ú-[še-bi-]ru (...) (44) MIN UD 26.[KÁM] (itu)Abu(NE) qí-te šèr-tú (d)A-nun-n[a-ki] ēnû(BAL-ú) (45) MIN itti mê(MEŠ) zi-kur5-ru-da-a x x AN šá x[..]-ru (46) MIN ina kišād nāri it-mi-ru A KI[MIN ... H]UL.GÁL x [...]-ku (47) MIN ina nikis(KUD) immeri(UDU.NITÁ) ú-šal-pi-tu KI[MIN ...] GIŠGAL [...]-du (...) (50) KIMIN ina šīnāti(KÀŠ) imšukki(IM.ŠÚ) im-hu-hu-ma.

69. AMT 86,1 (III 3): LÚ BI ALAM ina IZ.ZI pé-hu-ú.
70. BAM 214 (I 7): NA BI ka-šip (8) NU.MEŠ-šú DÙ.MEŠ-ma ina KI.GUL.MEŠ (9) ana (d)Ereš-ki-gal pa-aq-du.
71. W. Farber, Beschwörungsrituale S. 227 ("Hauptritual B"): (9) [ana] LÚ BI ip-šu ana IGI (d)INANNA u (d)Dumu-zi ep-šu-šu (10) ALAM.MEŠ-šu i-na qab-ri-im šu-nu-lu.
72. C. Daxelmüller u. M.-L. Thomsen, Anthropos 77 S. 56-57.
73. Maqlû I (27): tu-ú-šá šá MUNUS.UŠ11.ZU li-mut-te (28) tu-ur-rat INIM-sa ana KA-šá EME-šá qà-aṣ-rat (...) (31) KA-šá lu-ú Ì.UDU EME-šá lu-ú MUN (32) šá iq-bu-ú INIM HUL-tim-ia5 ki-ma Ì.UDU lit-ta-tuk (33) šá i-pu-šú kiš-pi ki-ma MUN liš-har-miṭ. Dieser Abschnitt gehört zur ersten Beschwörung in der Maqlû-Serie (I 1-36); sie begleitet die Repräsentation der Figuren der Zauberer (vgl. I 15-17).
74. Maqlû I (54): ana KA LÚ.UŠ11.ZU-ia5 u MUNUS.UŠ11.ZU-ia5 i-di-i hur-gul-li (55) i-di-i ÉN-su šá NUN.ME DINGIR.MEŠ (d)AMAR.UTU (56) lil-sa-ki-ma la tap-pa-li-ši-na-a-ti (57) liq-ba-nik-kim-ma la ta-šim-me-ši-na-a-ti.
75. Maqlû I (70): a-mat-su-nu lip-pa-šir-ma a-ma-ti la ip-pa-áš-šar (71) a-mat a-qab-bu-ú a-mat-su-nu IGI INIM-ia5 NU GIL.
76. Maqlû V (57): li-in-na-áš-pu kiš-pu-šá ki-ma IN.BUBBU (...) (59) ina qí-bit (d)Iš-tar (d)Dumu-zi (d)Na-na-a be-lit ra-a-mi (60) ù (d)Ka-ni-sur-ra be-lit MUNUS.UŠ11.ZU.MEŠ "Ihre Zaubereien mögen wegblasen wie Spreu (...) auf Befehl von Ištar, Dumuzi, Nanāja, der Herrin der Liebe, und von Kanisurra, der Herrin der Zauberinnen".
77. R.D. Biggs, ŠÀ.ZI.GA, S. 21: STT 280 IV 1 (fragmentarisch); S. 22 LKA 102 (Z. 12): ina qí-bit (d)Ka-ni-sur-ra (d)Iš-ha-ra be-let ra-me; S. 27: STT 280 (III 36): i-na q[í-b]it AN.Z[ÍB (d)Iš-tar (d)Na-na-a] (37) (d)Ga[z-ba]-ba (d)K[a-ni-sur-ra]. Zu Kanisurra s. auch D.O. Edzard RlA Bd. V S. 389.
78. Maqlû VI (10): at-ta man-nu DINGIR lim-nu šá LÚ.UŠ11.ZU u MUNUS.UŠ11.ZU (11) iš-pu-ru-niš-šú a-na GAZ-i[a5].
79. Bīt mēsiri Tafel II; s. G. Meier, "Die zweite Tafel der Serie bīt mēseri". AfO 14 (1941/44) S. 142 Z. 38: up-ša-še-e ša ili u ìl amēli.

80. S. Anm. 71.
81. KAR 61 Vs. 11-21, s. R.D. Biggs ŠÀ.ZI.GA S. 70. Ein ähnliches, jedoch fragmentarisch erhaltenes Ritual gibt es in KAR 69 Vs. 25 - Rs. 1, s. ibid. S. 76.
82. KAR 69 Vs. 16: ina qí-bit(Text KID) iq-bu-ú AN.ZÍB (d)Iš-tar; Ritualanweisungen Vs. 17-19;s. R.D. Biggs ŠÀ.ZI.GA S. 74.
83. Bei KAR 69 Rs. 2-6 handelt es sich um eine Beschwörung an die Pleiaden; s. R.D. Biggs ŠÀ.ZI.GA S. 76.
84. i-le-hi-ib; die Bedeutung des Verbums lahābu/lehēbu ist unsicher, vgl. AHw I S. 527: "ein (Würge?-)Geräusch hervorbringen".
85. GA.HAB = kisimmu, CAD K S. 421: "soured milk, casein glue"; AHw I S. 486: "ein Kraut". Die Bedeutung von kisimmu bleibt also unklar. Es scheint sich aber um ein ungenießbares, übelriechendes Milchprodukt zu handeln, keinesfall um ein gewöhnliches Nahrungsmittel. Vgl. auch den satirischen Text II R 60,1 (Rs. III 10) (itu)Kislīmu mi-nu-ú ú-kul-ta-ka (11) ka-bu-ut ANŠE.EDIN.NA ina a-za-an-ni (12) ù IN.NU.RI šá ZÍZ.AN ina ki-sim-mi ta-pat-tan "Was ist deine Nahrung im Monat Kislimu? Du (der aluzinnu) wirst Wildeselsmist mit azannu (CAD A/II S. 526 "bitter garlic") und Häcksel von Emmer in kisimmu essen"; anders E. Ebeling, Tod und Leben S. 18.
86. BAM 449 (III 13'): [DIŠ NA] it-ta-n[a-a]d-la-ah it-te-nin-bit IGI-2-šú ir-ru-ru (14') [UZU.]MEŠ-šú i-šam-ma-mu-šú ši-in-na-šú ka-li-ši-na KÚ.MEŠ-šú (15') [NINDA] KÚ KAŠ NAG-ma i-le-hi-ib ana LÚ BI ZI.KU5.RU.DA ša GA.HAB DÙ-su (16') šum-ma KIN-šú il-ta-bir TIL.LA-ma TE-šu-ma BA.ÚŠ. Duplikat hierzu ist BAM 455 III 4'-11'.
87. BAM 461 (III 14'): DIŠ LÚ ŠÀ-šú [...] ÚŠ ina KA-šú DU-ku (15') UZU-2-šú i-kaz-za-z[u]-šú ZI.KU5.RU.DA GIŠ.SAG.KUL DÙ-su.
88. BAM 449 III (24'): DIŠ NA SA ÚR ZAG-šú TAG.TAG-su ši-hat UZU TUKU.TUKU mi-na-tu-šú ma-an-ga (25') UMUŠ-šú KÚR.KÚR ma-la DÙ-šú i-ma-aš-ši ÚH-su pi-ṣa-a-at (26') ana NA BI ana IGI (d)Gu-la ip-šú ip-šú-šú (27') ina UD 27.KÁM UD 28.KÁM INIM BI AL.TIL ŠU ZI.KU5.RU.DA BA.ÚŠ. Duplikat

hierzu ist der leider sehr fragmentarische Text STT 89 I 23-27.

89. BAM 461 (III 4'): [INIM.INI]M.MA šum4-ma LÚ ina IGI MUL. KAK.SI.SÁ ZI.KU5.RU.DA DÙ-su. Für Duplikate s. W.R. Mayer, Untersuchungen S. 430: (mul)KAK.SI.SÁ 3, und zu einer Bearbeitung dieses Textes S. 540f.

90. BAM 203 Vs. 3'-11'; (Z. 5') [ana IGI MU]L.GÍR.TAB ip-šú ip-šú-šu[m ...] (6') [... ana ZI.KU5.]RU.DA KAR-šú.

91. AMT 44,4 (1): DIŠ LÚ UZU.SA ZAG u GÙB uš-tab-ba-lu4 MÚD ina pi-i-š[ú ...] (2) mi-ih-ha UD 3.KÁM DU-ku ana LÚ BI ana IGI MUL.MAR.GÍD.[DA ip-šú ip-šú-šú](3) ana UD 10.KÁM GÍD.DA-ma BA.ÚŠ ŠU ZI.KU5.RU.DA [...].

92. AMT 44,4 (4): GI.ŠUTUG.UD ina ú-ri ana IGI [...] (5) [x] GI.ŠUTUG.UD GI.URI3.GAL a-na IM LIMMU.BA tu-za-qa-ab a li [...] (6) [ZÍD.SUR.R]A(?) i-ta-ti-šú te-ṣir ŠÀ GI. ŠUTUG.UD SÍK.HÉ.ME.DA [...] (7) [... U]RI3.GAL tu-ul-la-ah LÚ.AZLAG2 za-ka-[...] (8) [... L]Ú.MU7.MU7 DAB5. BA-ma ana ŠÀ GI.ŠUTUG.UD tu-[...].

93. PBS I/2, 121 (Rs. 8): ana IGI MUL.MAR.GÍD.DA GI.ŠUTUG ŠUB-di (9) GI.URI3.GAL tu-za-qap SÍK.HÉ.ME.DA (10) SÍK. ZA.GÌN. NA SÍK.GA.ZUM.AK tu-la-ah (11) ina 13 GI.URI3. GAL GI.DU8 DU-an; Rest fragmentarisch.

94. Bei arrabu (PÉŠ.ÙR.RA) handelt es sich um ein kleines Nagetier, das auch als Zerstörer von Korn usw. genannt ist. Es wird öfters für Zauberei, in Abwehrzauber oder in Arzneimitteln verwendet. Vgl. R.D. Biggs, ŠÀ.ZI.GA S. 4 Anm. 25: "The PÉŠ.ÙR.RA is a small rodent, though probably not a dormouse, as has been suggested, since there is no evidence that the dormouse ever lived in Mesopotamia".

95. BAM 449 (II 11): DIŠ ina É LÚ ina la mu-du-ti PÉŠ.ÙR.RA šu-a-tum lu ana ÍD lu ina su-qí (12) it-ta-ad-du-ú.

96. BAM 449 (II 13): [ina UD]15.KÁM KURUM6-su ana 30 i-šá-⟨kan⟩ KA-šú liq-du-ud ina KI lip-pal-sáh (14) [m]u-ru-uš ŠÀ-šú lid-bu-ub SAHAR ina SAG.DU-šú lid-di ina an-ni-ti qá-ti ṣa-ab-tu (15) 7-šú liq-bi ZI.KU5.RU.DA ana LÚ BI NU TE.

97. BAM 458 (8'): DIŠ LÚ ZI.KU5.RU.DÈ šá PEŠ.ÙR.RA[...] (9') PÉŠ.ÙR.RA na-ak-su ina É NA IGI-ir.

98. BAM 464 (8'): DIŠ a-na LÚ ZI.KU5.RU.DA ša (d)NIN.KILIM e-pu-us-su (9') ZI.KU5.RU.DÈ šu-ú ša ITI 7-KÁM (10') (d)NIN.KILIM ina É LU IGI.
99. F. Köcher, BAM V S. XVI Anm. 26.
100. E. Reiner, "Lipsur Litanies". JNES 15 (1956) S. 142 Z. 46: KUŠ na-ruq NÍG.AK.A.MEŠ ip-qu me-eh-ru šá NAM.LU.U18.LU.M[EŠ].
101. R. Borger, AOAT 1 S. 6 Z. 61: kuš-a-gá-lá nì-hul-dím-ma-kéš-da = na-ru-qu up-šá-še-e šá lem-nis rak-sat.
102. KAR 72 (Rs. 18): DIŠ NA lu-u ina A.ŠÀ lu-u ina ki-di lu-u ina ba-ma-a-[ti] (19) KUŠ.A.GÁ.LÁ mi-ih-ru NÍG.AK.A.MEŠ HUL.MEŠ ana IGI LÚ i[n-nam-ma-ru?]. Namburbi-Ritual, vgl. E. Ebeling, "Beiträge zur Kenntnis der Beschwörungsserie Namburbi". RA 48 (1954) S. 182-187.
103. BAM 449 (I 1): DIŠ NA ZI.KU5.RU.DA e-pu-u[s-su-m]a (2) IGI DU8 ú-pi-ši šú-nu-ti ša in-nam-ru-šu TI-qí IGI (d)UTU GA[R-a]n.
104. Maqlû VII (6): ú-sap-pah (...) (7) ù na-áš-pa-rat ZI.KU5.RU.DA.A šá tal-tap-pa-ri ia-a-ši.
105. Ein Omen oder Zeichen für ausgeführte Zauberei gibt es hingegen in dem von R. Caplice in JNES 33 S. 345-349 publizierten Namburbi-Text, (Rs. 7): ina HUL ka-mu-ni-e N[U DÙG.GA ša ...] (8) ina KI.TA NA4 nap-l[i-sa-an-ni-ma](...) (10) ina HUL KUŠ.A.⌈GÁ.LÁ(?)⌉ NÍG.A[K.A HUL.MEŠ] (11) šu-ti-qa-an-ni-ma "Wegen des Bösen von dem unguten Schwamm, das unter einem Stein gesehen wurde, schaue wohlwollend auf mich (...), Böses von dem Sack mit bösen Zaubereien soll von mir weggehen!".
106. W. Farber, Beschwörungsrituale S. 227: (9) [ana] LÚ BI ip-šu ana IGI (d)INANNA u (d)Dumu-zi ip-šu-šu (10) ALAM.MEŠ-šu i-na qab-ri-im šu-nu-lu (11) LÚ BI a-na pa-ṭa-ri-im-ma i-na ŠU-2 (12) ZI.KU5.RU.DA KAR-šu KI DINGIR u LÚ šul-lu-mi-šú (13) ki-mil-ti DINGIR u (d)Iš8-tár DU8-ri-im-ma (14) i-piš MUNUS i-pu-šú-šú šu-up-šu-ri-im-m[a].
107. Ibid. S. 229: (17) lu kaš-šá-pi lu kaš-šap-tum (18) ša at-ti ti-de(-e)-ma ana-ku la i-du-ú (19) ina (Var. ša) ri-kis kiš-pi HUL.GIG u ZI.KU5.RU.DA (20) ša ina mah-

ri-ki ir-ku-sà (Var. ir-ku-su-ni) (21) ALAM.MEŠ-ia ina qab-rim uš-ni-lu.

108. Maqlû I (32): šá iq-bu-ú INIM HUL-tim-ia5 ki-ma Ì.UDU lit-ta-tuk (33) šá i-pu-šú kiš-pi ki-ma MUN liš-har-miṭ (34) ki-is-ru-šá pu-uṭ-ṭu-ru ip-še-tu-šá hul-lu-qú.

109. Maqlû VII (112): ki-iṣ-ri-ki ku-uṣ-[ṣu-ru-ti] (113) ip-še-ti-ki lim-ni-e-ti up-šá-še-ki [...] (114) na-áš-pa-ra-tu-ki šá HUL-tim (115) (d)Asar-lú-hi MAŠ.MAŠ DINGIR.MEŠ ú-paṭ-ṭir.

110. IV R 55,2 (1): DIŠ NA EN HUL-tim TUKU-ši (...) (2) dib-bi-šú i-dib-bu-bu INIM.MEŠ-šú uš-tan-nu-ú (...) (3) (...) UŠ11 UŠ11 UŠ11 NÍG.AK.A.MEŠ HUL.MEŠ (4) ina NU.ZU NIGIN-šú (...) (5) (...) a-na BÚR-im-ma (6) ù ki-ṣir lum-ni šá ik-ṣu-ru-šú DU8. Dieser Text wurde von E. Ebeling in ArOr 17/I S. 186-189 bearbeitet worden.

111. BAM 449 (II 1): ki-is-ri šú-nu-ti šá is-hu-ru-ni pu-uṭ-ṭi-ir (2) an-ni-tú ana IGI (d)30 7-šú tu-šaq-ba-šú-ma.

112. BAM 237 (I 5'): 9 NA4.MEŠ an-nu-ti (6') ina SÍK.HÉ.ME.DA SÍK.ZA.GÌN.NA SÍK.GA.ZUM.AK.A SA ÁB.RI.RI.GA SA MAŠ.DÀ šá NITA u SAL (7') Ú.AŠ.? NITA SAL MUD TÉŠ.BI NU.NU UD.DU-ak 7 u 7 KA.KÉŠ KÉŠ.

113. BAM 499 (II 8'): mu-šá-ti-šá TI-qí ku-niš-tam ta-ṣa-par ur-ṭe-e TÚG GIŠ.GIŠIMMAR šá IM.SI.SÁ (9') [x] nu zap-pi ANŠE.KUR.RA BABBAR 7 u 7 KA.KÉŠ KÉŠ ina SÍK-šá KÉŠ ÉN 7-šú ŠID-nu. Parallel hierzu ist BAM 3 II 24-26.

114. Maqlû VI 51: MUNUS.UŠ11.ZU šá ana NENNI A NENNI tu-kap-pa-ti NA4.MEŠ.

115. S. CAD K S. 552 und S. 549: kupatinnu "pill, pellet", ferner A.L. Oppenheim, The Interpretation of Dreams S. 304.

116. KAR 134 (Vs. 13): UMBIN.MEŠ-šú TI-qí ina ŠÀ IM (14) tu-kap-pat. Vgl. Vs. 12: ⌜2⌝ INIM.INIM.MA ⌜x⌝ UMBIN DU8.Ù.DA.KÁM.

117. A.L. Oppenheim, The Interpretation of Dreams S. 343, 79-7-8,77 (Rs. x+21): 7 ku-pa-tin-nu ša IM tu-kap-pat MÁŠ.GI6 ma-la iṭ-ṭú-lu 7-šú ana ŠÀ-bi lip-šur (x+22) a-na E.SIR.KA.4.MA ta-sà-pah.

118. Ibid. S. 343, 79-7-8,77 Rs. x+24: 14 ku-pat-tin-nu ša IM [tu-kap-]pat.

Anmerkungen zu: Symptome für Schwarze Magie, S. 50-57:

119. AMT 86,1 (II 3): DIŠ NA SAG.DU-su iṣ-ṣa-na-bat-su šit-ta [...] (4) MÁŠ.GI6.MEŠ-šú pár-da ina šit-ti-šú iq-b[i ...] (5) bir-ka-šu ka-si-a ba-ma-as-su šim-m[a-tu ...] (6) UZU-šú ru-ṭi-ib-[tu] im-ta-na-al-lu-šú (7) LÚ BI ka-ši-ip.

120. AMT 31,4 Vs. 14 (= Vs. 16): DIŠ NA ÙH ina KA-šú NU TAR-as NA BI ka-šip; vgl. auch Ebeling, Unger AfK 1 S. 36 Z. 1-2.

121. KAR 80 (Vs. 1):[DIŠ N]A SAG.DU-su DAB.DAB-su pa-nu-u-šú NIGIN.MEŠ (2) [na-hi]-ra-šú KÚ.MEŠ-šú ÚH-⸢šá⸣ i-šal-[li] (3) INIM.INIM.MEŠ-šú im-ta-na-áš-ši ŠÀ.MEŠ-šú SAR.SAR [x] (4) Á.MEŠ-šú ú-šam-ma-[ma-šu ŠU-II]-šu e-te-ni-ṣi-la-[šú](5) GIRI3-II-BI ú-z[aq-qa-ta-šú?] u ki-ṣal-la-šú up-ta-na-ṭa-[ru](6) LÚ BI EN K[A].KA-šú kiš-pi NIGIN-[šú].

122. AMT 50,3 Vs. 11: DIŠ NA GABA-su u MAŠ.SILA3-šú KÚ.MEŠ-šú ip-te-né-ru NA BI UŠ11 DAB-šú.

123. AMT 86,1 (II 12): DIŠ NA KÚ NAG-ma ana UZU KAŠ NU i-ṭe4-eh-he za-mar SIG7 (13) za-mar SA5 za-mar pa-nu-šú iṣ-ṣa-na-al-li-mu (14) ú-ta-ad-dar i[t-t]a-na-ah. II 18: LÚ BI LU.UŠ11.[ZU ...].

124. R. Labat, TDP S. 24 Z. 51: DIŠ SAG.DU-su KÚM-im SAG KA-šú ŠU-II-šú u GIRI3-II-šú ŠED7 DIH KUR DAB-su KIMIN kiš-pi DAB.MEŠ-[su ...].

125. AMT 48,4 (Rs. 8): DIŠ NA GABA-su KÚ-šú SAG.ŠÀ-šú u-ṣa-rap-šú ŠÀ.MEŠ-šú [...] (9) NA BI HUR.MEŠ GIG UŠ11 KÚ u NAG.

126. STT 102 (Vs. 1): DIŠ NA DAL.BA MAŠ.SILA3-II-šú TAG.GA-su ZÚ.MEŠ ÚŠ (2) i-hi-il-la NA BI HUR.MEŠ GIG UŠ11.ZU šu-kul (3) u šá-qí.

127. R. Labat, TDP S. 176 Z. 5: DIŠ ina DUG4.DUG4-šú it-te-ni-ip-rik-ku8 NA BI ana maš(?)-taq-ti kiš-pu šu-kul; s. Anm. 12.

128. BAM 214 (I 1): šum4-ma NA IGI.MEŠ-šú NIGIN-du-šú (2) PI.MEŠ-šú i-šá-gu-ma (3) UZU.MEŠ-šú šim-ma-ta (4) TUKU.TUKU-ú (5) ŠÀ-šú it-ta-na-ad-láh (6) NÍG IN.GIG-šú NU

ZU.ZU (7) NA BI ka-šip (8) NU.MEŠ-šú DÙ.MEŠ-ma ina KI.GUL.MEŠ (9) ana (d)Ereš-ki-gal pa-aq-du.

129. LKA 9 (III 2) me-e-lu šá MUNUS PEŠ4 u MUNUS ha-riš-t[i] (3) šá kul-lu-ma-tum pa-šá-ri. Das Rezept für den "Umschlag" (mēlu) ist nicht erhalten.

130. LKA 9 III 7: ana MUNUS e-ri-ti kiš-pu NU.TE-e.

131. Die vier Diagnosen stammen aus Labat, TDP S. 218-19 (15): DIŠ LÚ.TUR ŠÀ.MEŠ-šú MÚ.MÚ-hu tu-lu-ú ÍL-šum-ma NU KÚ LÚ.TUR BI MUNUS.UŠ11.ZU hi-rat-su (16) DIŠ LÚ.TUR ina ṣa-la-li-šú i-né-e [KI.MIN] la ina-ah-ma u ip-ta-nar-ru-ud ina ki-rim-me AMA-šú šu-ul-hu kiš-pi ip-šú-šú (17) DIŠ LÚ.TUR ina ṣa-la-li-šú ip-ta-[nar-]ru-ud u ib-ta-nak-ki ina ki-rim-me AMA-šú šul-hu kiš-pi ip-šú-šú (18) DIŠ LÚ.TUR ITI 3.KÁM tu-la-a i-niq-ma ŠU-II-šú u GIRI3-II-šú it-ta-nak-na-an-na (19) UZU.MEŠ-šú i-ma-aṭ-ṭu-ú ul-tu ŠÀ AMA-šú šu-ul-hu kiš-pi ip-šú-šú. Die Bedeutung von šulhû ist unklar.

132. BAM 140 (Vs. 7'): DIŠ LÚ SU.MEŠ-šú šim-ma-tum ú-kal-lu i-te-ne-mi-im-[ma] (8') ⸢UZU⸣.MEŠ-šú ú-tab-ba-tú u a-na MUNUS a-la-kám la i-li-i'.

133. R.D. Biggs, ŠÀ.ZI.GA S. 69, 81-7-27,73 (Vs. 9'): DIŠ NA ka-šip-ma UZU.MEŠ-šú tab-ku mun-ga TU[KU-šú] (10') ù bir-ka-a-šú ga-an-na ŠÀ-šú MUNUS ha-ši[h-ma] (11') MUNUS IGI.BAR-ma ŠÀ-šú GUR (12') NA BI ri-hu-su KI LÚ ÚŠ šu-[nu-lat]. Duplikate: KAR 70 Vs. 11-12 und BAM 205 Vs. 7'-10'; ähnlich auch SBTU I 9, 19'-21'.

134. R.D. Biggs, ŠÀ.ZI.GA S. 27 (KAR 236 und Duplikate) Z. 18: [DIŠ N]A ÍL ŠÀ-šú KAR-ma lu ⸢ana⸣ MUNUS-šú lu ana MUNUS BAR-ti ŠÀ-šú NU ⸢ÍL⸣.

135. Ibid. S. 52: AMT 88,3 (1):[DIŠ NA] lu-u ina ⸢ŠU⸣.GI.MEŠ lu-u ina GIŠ.PA lu-u ina hi-miṭ UD.DA (2) [lu]-u ina ni-hi-is GIŠ.GIGIR a-na MUNUS a-la-ka mu-uṭ-ṭú.

136. Ibid. S. 52: AMT 88,3 (9): ÉN at-ta-man-nu ša GIM har-ra-ni ip-ru-su a-lak-ti (10) a-na muh-hi ŠID-nu. Zur Beschwörung s. ibid. S. 20f. = AMT 88,3: 11-18.

137. Ibid. S. 66, STT 280 (I 22): [DIŠ NA] ka-šip-ma UZU.MEŠ-šú tab-ku lu ina GIN-šú lu ina ⸢GUB⸣-[zi-šú] (23) [lu ina] KI.NÁ-šú lu e-nu-ma KÀŠ(!).MEŠ-š[ú] i-[šat-t]i-nu (24) [ri-h]u-su GIN-ak GIM MUNUS su-u'-su l[a e]-lil

(25) [NA B]I ri-hu-su KI LÚ ÚŠ ina KI šu-[nu-lat]. Z. 24 GIM MUNUS su-u'-su ist unklar; AHw II S. 1064 (su''usu D) gibt keine Übersetzung. CAD S S. 349 führt diesen Beleg unter suhsu ("bed") auf und übersetzt: "like a woman('s), his bed is impure"; vgl. zu dieser Stelle auch R.D. Biggs, ŠÀ.ZI.GA S. 68.

138. W. Farber, Beschwörungsrituale S. 227 (1): šum-ma LÚ mi-na-tu-šú GIM mar-ṣi D[U]B.MEŠ-ka (2) [...]x GIRI3-II-šú pit-ru-šú ra-mu-ú (3) i-qab-bi-ma la i-kaš-šad (4) ni-iš ŠÀ-šú e-ṭi-ir ŠÀ-šú il-te-nem-mèn (5) lu-u ina KÀŠ-šú lu-u ka-am-ma ri-hu-ut-su (6) ki-ma ša KI MUNUS uš-ta-hu-u16 ŠUB-su (7) LÚ BI ul e-el DINGIR u (d)Iš-tar suh-hu-ru-šú (8) DUG4.GA.BI ul ma-ag-rat.

139. R.D. Biggs, ŠÀ.ZI.GA S. 28: KAR 236 und Duplikate (Rs. 1): ša kiš-pi ep(!)-šu ina KI šu-nu-lu NU.MEŠ-ia (2) GIM NA4.ZA.GÌN lu-bi-ib zu-um-ri.

140. CT XXXIX Tf. 45, 27: DIŠ NA gi-na-a ig-da-na-lut NA BI NU SIKIL hi-ṭa ma-gal TUKU.

141. BAM 205 (19'): [DIŠ] NA ina KI.NÁ-šú LUH.LUH-ut ŠÀ-šú GUR-ut ina KI.NÁ[x](20') ri-hu-su GIN-ak NA BI DIB-ti (d)AMAR.[UTU](21') u (d)Iš8-tár UGU-šú GÁL-ši (= STT 95 I 16-18). Für die Bedeutung von LUH.LUH = galātu s. CAD G S. 12 (1b).

142. R. D.Biggs, ŠÀ.ZI.GA S. 46: KAR 70 (6): NÍG.SILAG.GÁ ZÍZ.AN.NA u IM KI.GAR 1-niš HI.HI NU NITA u MUNUS DÙ-[u]š (7) ana UGU a-ha-meš ŠUB-di-šu-nu-ti ina SAG.DU LÚ GAR-an-ma [ÉN] (8) 7-šú ŠID-nu tu-nak-ka-ram-ma ana ŠAH tu-q[ar-rab-šu] (9) šum4-ma ŠAH iq-te-ru-ub ŠU (d)Iš8-tár ana pa-a[n NU] (10) ŠAH la iq-ru-ub NA BI kiš-pu DAB-[su].

Anmerkungen zu: Maßnahmen gegen schwarze Magie, S. 58-68:

143. Vgl. hierzu E. von Weiher, "Bemerkungen zu §2 KH und zur Anwendung des Flußordals". ZA 71 (1981) 95-102.

144. W.G. Lambert, AfO 18 S. 289 (Z. 10): [ki-ma šú-nu l]a izzazzu(zu) ṣalmāni(MEŠ)-šú-nu ēpuš-ma mahar ilu-[ti-ka rabīti(ti) na-šá-ku] "Weil sie nicht anwesend sind, habe

ich von ihnen Figuren gemacht und halte sie vor deiner großen Gottheit".

145. SBTU II 19.
146. W.G. Lambert, AfO 18 S. 296-297.
147. W.G. Lambert, AfO 18 S. 293 (59): (d)Šamaš (d)Girru qa-mu-ú liq-mi-šú-nu-ti (d)Girru lik-kil-me-šú-nu-ti (60) (d)Girru liš-ru-up-šú-nu-ti (d)Girru liš-har-miṭ-su-nu-ti (d)Girru li-[ṣ]ar-rip-šú-[nu-t]i (...) (65) (d)Girru ana (d)Nam-tar sukkal erṣetim(tim) lip-qi[d-su-nu-t]i.
148. Maqlû II (135): (d)GIŠ.BAR šar-hu (...) (142) qa-mu-ú lim-nu-ti NUMUN LÚ.UŠ11.ZU u MUNUS.UŠ11.ZU (143) mu-hal-liq rag-gi NUMUN LÚ.UŠ11.ZU u MUNUS.UŠ11.ZU (144) ina u4-mi an-ni-i ina di-ni-ia i-ziz-za-am-ma (...) (146) GIM NU.MEŠ an-nu-ti i-hu-lu i-zu-bu u it-ta-at-tu-ku (147) LÚ.UŠ11.ZU u MUNUS.UŠ11.ZU li-hu-lu li-zu-bu u lit-ta-at-tu-ku.
149. Maqlû III (60): (d)GIŠ.BAR qu-ra-du ri-kis-ki li-i[h-pi] (61) ù mim-ma ma-la te-pu-ši li-šam-hir-ki ka-a-ši.
150. Maqlû I (126): LÚ.UŠ11.ZU ik-šip-an-ni kiš-pi ik-šip-an-ni ki-šip-šú. Der Text fährt mit ähnlichen Aufforderungen fort (Z. 127-130).
151. Maqlû V (1): ÉN e-piš-ti ù muš-te-piš-ti (...) (4) a-šap-pa-rak-kim-ma Ú.HAR.HAR.SAR ù ŠE.GIŠ.Ì (5) ú-sap-pa-ah kiš-pi-ki ú-tar INIM.MEŠ-ki ana KA-ki (6) ip-ši te-pu-ši lu-u šá at-tu-ki (7) NU.MEŠ tab-ni-i lu-u šá ṭè-me-ki (8) A.MEŠ tah-bi-i lu-u šá ra-ma-ni-ki (9) ši-pat-ki a-a iq-ri-ba INIM.MEŠ-ki a-a ik-šu-da-in-ni (10) ina qí-bit (d)É-a (d)UTU u (d)AMAR.UTU u NIN (d)Be-lit-DINGIR.MEŠ TU6 ÉN.
152. Maqlû V (64): UDUG HUL tu-šá-aṣ-bi-ta-in-ni UDUG HUL li-iṣ-bat-ku-nu-ši. In den folgenden Zeilen 65-78 werden andere Dämonen, der Zorn Gottes, des Königs und der Fürsten, Trübsal, Hungersnot usw. mit ähnlichen Wendungen an den Zauberer zurückgeschickt. Die Beschwörung endet: "Eure Hexereien sind zu euch zurückgekehrt!" (V 81: ip-še-te-ku-nu ⟨i-⟩tu-ra-ni-ku-nu-ši).
153. W. Farber, Beschwörungsrituale S. 242f. (52'): ina mahar Ištar elleti u [Dumuzi] (53') lumun iṣ[batannī(?)] arhiš muh[rā].

154. Maqlû III (35): a-na e-pi-ši u e-piš-ti šá NENNI A NENNI (36) ana NIGIN ni-il-li-ka (37) a-na lu-uq-qu-ti šá hu-ṣa-bi-ši-na (38) a-na hu-um-mu-mi šá hu-ma-ti-ši-na.

155. Maqlû I (21): GIŠ.ŠINIG lil-líl-an-ni šá qim-ma-tú ša-ru-ú (22) GIŠ.GIŠIMMAR lip-šur-an-ni ma-hi-rat ka-lu-ú IM (23) Ú.IN.NU.UŠ li-bi-ban-ni šá KI-tim ma-la-a-ta (24) GIŠ.ŠE.Ù.SUH5 lip-šur-an-ni šá še-am ma-la-a-ta.

156. AMT 85,1 (II 10): DIŠ LÚ ka-šip ha-ṣa-ab-ti ÍD u ku-up-ra (11) ina URUDU.ŠEN.TUR iš-te-niš su-lu-uq-ma KAŠ.SAG i-di (12) ina UD.NÁ.ÀM IGI (d)UTU-ši TI-ma ki-a-am qí-bi (13) kaš-šap-tum kiš-pu-ki i-sa-ah-ha-ru-ni-ik-ki-im-ma (14) i-ṣa-ab-ba-tu-ki i-qa-ab-bi-ma TI.

157. Die Übersetzungen folgen AHw; sie sind allerdings ziemlich unsicher.

158. BAM 190 (34): a-na LÚ NIGIN UŠ11.ZU šap-ṣu-šú-ma ina DÙ- [ti A.ZU-tim] (35) u MAŠ.MAŠ-tim DÙ.DÙ-ma NU DU8 Ú.IGI.IGI ⌈Ú⌉.I[GI.NIŠ] (36) Ú.TAR.MUŠ8 (ú)nap-ru-qu Ú.HAR.HAR NUMUN [...] (37) (na4)gab-bi-i 7 Ú.HI.A ŠEŠ GAZ SIM lu ina [KAŠ(?)] (38) lu ina GEŠTIN NU pa-tan NAG-ma TI. Duplikat: BAM 434 IV 61-69.

159. BAM 434 (V 6): 32 Ú UŠ11 BÚR.RU.DA lu ina GEŠTIN (7) lu ina KAŠ ina GIŠ.DILIM2 GIŠ.ŠINIG NAG.

160. BAM 434 (V 8): DIŠ NA ú-pi-šu HUL.MEŠ NIGIN-šu (9) a-na ú-pi-ši HUL.MEŠ ana NA NU TE-e (10) Ú.UD (ú)an-nu-ha-ra NA4.GUG GAZI.SAR (11) Ú.HA Ú.IGI.IGI 5 Ú.HI.A an-nu-ti (12) ina SÍK.AKA3 NIGIN-mi ina MÚD GIŠ.EREN SÙ (13) ina KUŠ DÙ.DÙ ina GÚ-šú GAR-an. Duplikat: BAM 435 v 11-15.

161. BAM 434 (V 14): DIŠ NA EN KA-šú kiš-pi NIGIN-šu ana NA NU TE-e (15) Ú.SIKIL GIŠ.ŠE.NÁ.A Ú.DIL.BAD Ú.IGI.IGI NA4.AD.BAR ina KUŠ.

162. BAM 434 (V 16): DIŠ KIMIN Ú.HAR.HUM.BA.ŠIR NA4.AN.NE MI Ú.KI.KAL ina KUŠ.

163. BAM 434 (V 17): DIŠ NA EN KA-šú kiš-pi NIGIN-šú GIŠ.ŠE.NÁ.A Ú.SIKIL (18) Ú.IN.NU.UŠ Ú.AN.HÚL Ú.AŠ ina KUŠ.

164. AMT 7,1 (I 5): (na4)àb-aš-mu NA4.ZALAG (na4)as-[har] (6) NA4.sag.gil.mud (na4)aš-pu-u SAL.LA (7) [NA4.ŠUR]UN.(d)GUD NA4.PA (na4)ka-pa-ṣu (8) NA4.ZI.É 10 NA4.MEŠ UŠ11.ZU BÚR (9) [ina x] SÍK BABBAR GÚ-šú GAR-an.

165. AMT 86,1 (II 3): DIŠ NA SAG.DU-su iṣ-ṣa-na-bat-su šit-ta [...] (4) MÁŠ.GI6.MEŠ-šú pár-da ina šit-ti-šú iq-b[i ...] (5) bir-ka-šú ka-si-a ba-ma-as-su šim-m[a-tu ..] (6) UZU-šú ru-ṭi-ib-[tu] im-ta-na-al-lu-šú (7) LÚ BI ka-ši-ip G[IŠ.ŠI]NIG Ú.IN.NU.UŠ (8) PA GIŠ.HA.LU.ÚB TÉŠ-BI ta-sàk ina A tu-[la-ba-]ak-ma (9) Ì GIŠ.EREN ŠÉŠ-su EGIR [GIŠ.]ŠINIG (10) Ú.IN.NU.UŠ u NAGA ina [... GAR]-an (11) ina IM.ŠU.RIN.NA te-sik-kir TU5-[ma] TI.

166. BAM 205 (Vs. 14'): Ú.KUR.KUR at-ma BIL.ZA.ZA SIG7 GIŠ. HAŠHUR GIŠ.GI (15') ina Ì.GIS GIS.EREN EŠ.MEŠ-su NA BI EN TI.LA (16') ⸢ŠÀ⸣-šú ÍL-šú kiš-pi NU TE-šú.

167. LKA 9 (III 7): ana MUNUS e-ri-ti kiš-pu NU TE-e (8) ša ŠÀ-šá la ŠUB-e NA4.KA.GI.NA.DAB.BA (9) KUG.GAN SAHAR NA4.ŠUBA ù GIŠ.GEŠTIN.KA5 GIŠ.[x] (10) UD.DU ta-sàk i-na ÚŠ BURU5.HABRUD.DA SAL (11) HI.HI-ma i-na Ì.GIŠ ŠUR. MÌN ŠU TI-ma (12) UGU ŠÀ-ša em-ši-ša ù SAG.DU-sa (13) ŠÉŠ-ma qà-an-ni TÚG-ša SÍK.HÉ.ME.D[A] (14) ta-ka-ṣar-ma NA4 šu-u NITA2 ina ŠU GÙB-šá GAR-an (15) ù ÉN an-ni-ta ŠUB-di-ma kiš-pu NU T[E-e].

168. LKA 9 (III 16): ÉN a-ši-ib ik-le-tim bi-nu-ut a-mi-lu-[ti] (17) am-mi-ni-ma tab-ki ina ŠÀ AMA.

169. STT 275 (I 14'): [NA4.KUR]-nu DAB NA4.GUG NA4.ZA.GÌN ⸢x⸣ ša GIŠ.EREN (15') [NA4.K]A(?) MI NA4.AN.BAR NA4.AN.NE (16') [7 NA4].MEŠ NAM.ERIM2 u kiš-pi BÚR.RE (17') [ana ZI.KU5.RU].DA.A DI.BAL.A ana LÚ NU TE-e (18') ina [x(?)] SÍK].ZA.GÌN.NA ina GÚ-šú GAR-an.

170. BMS 12 Z. 1, s. S. 19.

171. BMS 12 Z. 106-109, s. S. 20

172. R. Caplice, OrNS 39 (1970) S. 134ff. Z. 31: kiš-pi ru-hu-ú ru-s[u-ú] up-šá-šu-ú HUL.ME lu-ú šá LÚ lu-ú šá MUNUS ana NA NU TE-e.

173. Ibid. S. 136 (Rs. 5): kiš-[pu r]u-hu-ú ru-su-ú up-šá-šu-ú (6) ana UGU kaš-ša-pi u kaš-šap-[t]i lit-tur-ru ana LÚ BI NU TE-hi.

Bibliographie

Abusch, Tzvi: "Mesopotamian Anti-Witchcraft Literature: Text and Studies. Part I: The Nature of Maqlû: Its Character, Divisions, and Calendrical Setting". JNES 33 (1974) 251-262.

Berlin, Adele: Enmerkar and Ensuhkešdanna. A Sumerian Narrative Poem. (Occasional Publications of the Babylonian Fund, 2.) Philadelphia 1979.

Biggs, Robert D.: ŠÀ.ZI.GA. Ancient Mesopotamian Potency Incantations. (Texts from Cuneiform Sources, 2.) Locust Valley, New York 1967.

Borger, Rykle: "Die erste Teiltafel der zi-pà-Beschwörungen (ASKT 11)". In: Wolfgang Röllig (Hg.), lišān mithurti. Festschrift Wofram Freiherr von Soden zum 19.VI.1968 gewidmet von Schülern und Mitarbeitern. (Alter Orient und Altes Testament, 1.) S. 1-21. Kevelaer/Neukirchen-Vluyn 1969.

Caplice, Richard: "Namburbi Texts in the British Museum IV". OrNS 39 (1970) 111-151.

- "An Apotropaion against Fungus". JNES 33 (1974) 345-349.

Daxelmüller, Christoph und Marie-Louise Thomsen: "Bildzauber im alten Mesopotamien". Anthropos 77 (1982) 27-64.

Driver, Godfrey R., and John C. Miles: The Assyrian Laws. Oxford 1935. (Reprint Aalen 1975.)

- The Babylonian Laws. 2 Bde. London 1960.

Ebeling, Erich: Tod und Leben nach den Vorstellungen der Babylonier. Berlin und Leipzig 1931.

- "Beschwörungen gegen den Feind und den bösen Blick aus dem Zweistromlande". ArOr 17/I (1949) 172-211.
- "Ein babylonisches Beispiel schwarzer Magie". OrNS 20 (1951) 167-170.
- "Beiträge zur Kenntnis der Beschwörungsserie Namburbi". RA 48 (1954) 1-15; 76-85; 130-141; 178-191; RA 49 (1955) 32-41; 137-148; 178-192; RA 50 (1956) 22-33; 86-94.

Ebeling, Erich und Eckhard Unger: "Keilschrifttexte aus Konstantinopel. AfK 1 (1923) 36ff.

Evans-Pritchard, E.E.: Hexerei, Orakel und Magie bei den Zande. Von Eva Gillies gekürzte und eingeleitete Ausgabe. Frankfurt am Main 1978.

Falkenstein, Adam: "Sumerische Beschwörungen aus Boğazköy". ZA 45 (1939) 8-41.

Farber, Walter: Beschwörungsrituale an Ištar und Dumuzi. Attī Ištar ša harmaša Dumuzi. (Akademie der Wissenschaften und der Literatur. Veröffentlichungen der orientalischen Kommision, 30.) Wiesbaden 1977.

Finkelstein, Jacob J.: "The Laws of Ur-Nammu". JCS 22 (1969) 66-82.

Geller, Markham J.: Forerunners to Udug-hul. Sumerian Exorcistic Incantations. (Freiburger altorientalische Studien, 12.) Stuttgart 1985.

Gurney, Oliver R.: "A Tablet of Incantations against Slander". Iraq 22 (1960) 221-227.

Haas, Volker: "Die Dämonisierung des Fremden und des Feindes im Alten Orient". In: Rocznik Orientalistyczny 41/2 (1980) 37-44.

King, Leonard William: Babylonian Magic and Sorcery. London 1896.

Kramer, Samuel Noah and Adam Falkenstein: "Ur-Nammu Law Code". OrNS 23 (1954) 40-51.

Laessøe, Jørgen: Studies in the Assyrian Ritual and Series bît rimki. København 1955.

Labat, René: Traité akkadien de diagnostics et pronostics médicaux. Leiden 1951.

- "Assyrien und seine Nachbarländer (Babylonien, Elam, Iran) von 1000 bis 617 v. Chr. Das neubabylonische Reich bis 539 v. Chr.". In Elena Cassin, Jean Bottéro, Jean Vercoutter

(Hg.): Die altorientalischen Reiche III. (Fischer Weltgeschichte, 4.) Frankfurt am Main 1967. S. 9-111.

Lambert, Wilfred G.: "An Incantation of the Maqlû-Type". AfO (1957/58) 288-299.

Mayer, Werner: Untersuchungen zur Formensprache der babylonischen "Gebetsbeschwörungen". (Studia Pohl: Series Maior, 5.) Rom 1976.

Meier, Gerhard: Die assyrische Beschwörungssammlung Maqlû. (AfO, Beiheft 2.) Berlin 1937.

- "Ein akkadisches Heilungsritual aus Boğazköy". ZA 45 (1939) 195-215.

- "Die zweite Tafel der Serie bīt mēseri". AfO 14 (1941/44) 139-152.

Meißner, Bruno: Babylonien und Assyrien. I-II. Heidelberg 1920-25.

Oppenheim, Adolf Leo: The Interpretation of Dreams in the Ancient Near East, with a Translation of the Assyrian Dream-book. (Transactions of the American Philosophical Society N.S. 46/III.) S. 177-373. Philadelphia 1956.

Reiner, Erica: "La magie babylonienne: Le monde du sorcier". (Sources Orientales, 7.) 69-98. Paris 1966

Römer, Willem H.Ph.: "Einige Bemerkungen zum dämonischen Gotte dKūbu(m)". In: Symbolae Biblicae et Mesopotamicae Francisco Mario Theodoro de Liagre Böhl dedicatae. (Studia Francisci Scholten memoriae dicata, 4.) S. 310-319. Leiden 1973.

Rollin, Sue: "Women and Witchcraft in Ancient Assyria (c. 900-600 B.C.)". In Averil Cameron and Amelie Kuhrt (eds.), Images of Women in Antiquity, S. 34-45. London/Canberra 1983.

Sjöberg, Åke W. and Eugen Bergmann: The Collection of the Sumerian Temple Hymns, and the Keš Temple Hymn by Gene B. Gragg. (Texts from Cuneiform Sources, 3.) Locust Valley, New York 1969.

Soden, Wolfram von: "Zur Wiederherstellung der Marduk-Gebete BMS 11 und 12". Iraq 31 (1969) 82-89.

Walters, Stanley D.: "The Sorceress and Her Apprentice. A Case Study of an Accusation". JCS 23 (1970) 27-38.

Weiher, Egbert von: "Bemerkungen zu §2 KH und zur Anwendung des Flußordals". ZA 71 (1981) 95-102.

Wilcke, Claus: "Sumerische literarische Texte in Manchester und Liverpool". AfO 24 (1973) 1-17.

Abkürzungen

AfK	Archiv für Keilschriftforschung (Berlin).
AfO	Archiv für Orientforschung (Berlin, Graz).
AHw	Wolfram von Soden, Akkadisches Handwörterbuch. Wiesbaden 1965-81.
AMT	Reginald Campbell Thompson, Assyrian Medical Texts. London 1923.
ArOr	Archiv Orientální (Praha).
BAM	Franz Köcher, Die babylonisch-assyrische Medizin in Texten und Untersuchungen. 6 Bde. Berlin 1963-1980.
BMS	s. Leonard William King, Babylonian Magic and Sorcery.
BRM IV	Albert Tobias Clay, Epics, Hymns, Omens, and Other Texts. (Babylonian Records in the Library of J. Pierpont Morgan, IV.) New Haven 1923.
CAD	The Assyrian Dictionary of the Oriental Institute of the University of Chicago. Chicago 1956-.
CT XXXIX	Cuneiform Texts from Babylonian Tablets (...) in the British Museum, XXXIX. London 1926.
JCS	Journal of Cuneiform Studies (New Haven, Cambridge Mass.).
JNES	Journal of Near Eastern Studies (Chicago).
KAR	Erich Ebeling, Keilschrifttexte aus Assur religiösen Inhalts. 2 Bde. (Wissenschaftliche Veröffentlichungen der Deutschen Orient-Gesellschaft, 28 und 34.) Leipzig 1915 und 1923.
KUB XXX	Hans Ehelolf, Texte verschiedenen Inhalts (vorwiegend aus den Grabungen seit 1931). (Keilschrifturkunden aus Boghazköi, XXX.) Berlin 1939.
LKA	Erich Ebeling und Franz Köcher, Literarische Keilschrifttexte aus Assur. Berlin 1953.

Maqlû	s. Gerhard Meier, Die assyrische Beschwörungssammlung Maqlû.
OrNS	Orientalia Nova Series (Rom).
PBS I/2	Henry Frederick Lutz, Selected Sumerian and Babylonian Texts. (University of Pennsylvania, the Museum, Publications of the Babylonian Section, I/2.) Philadelphia 1919.
RA	Revue d'assyriologie et d'archéologie orientale (Paris).
II R	Henry C. Rawlinson and Edwin Norris, The Cuneiform Inscriptions of Western Asia, Vol. II: A Selection from the Miscellaneous Inscriptions of Assyria. London 1866.
IV R	Theophilus G. Pinches, The Cuneiform Inscriptions of Western Asia, Vol. IV: A Selection from the Miscellaneous Inscriptions of Assyria. London 1875.
RlA	Erich Ebeling, Bruno Meißner u.a., Reallexikon der Assyriologie, I-. Berlin 1957-.
SBTU II	Egbert von Weiher, Spätbabylonische Texte aus Uruk. Teil II. (Ausgrabungen der deutschen Forschungsgemeinschaft in Uruk-Warka, 10.) Berlin 1983.
STT	Oliver R. Gurney and J.J. Finkelstein, The Sultantepe Tablets I. London 1957. Oliver R. Gurney and P. Hulin, Tne Sultantepe Tablets II. London 1964.
TDP	s. René Labat, Traité akkadien de diagnostics et pronostics.
UET VI/2	Cyril John Gadd and Samuel Noah Kramer, Ur Excavations Texts VI: Literary and Religious Texts; Second Part. London 1966.
ZA	Zeitschrift für Assyriologie und vorderasiatische Archäologie (Berlin).

Verzeichnis der Texte

AMT 7,1 I 5-9	S. 65f. und Anm. 164
AMT 31,4 14	S. 51 und Anm. 120
AMT 44,4 1-3	S. 42 und Anm. 91
AMT 44,4 4-8	Anm. 92
AMT 48,2 3-4	Anm. 45
AMT 48,2 103	S. 31 und Anm. 44
AMT 48,4 Rs. 8-9	S. 52 und Anm. 125
AMT 50,3 11	S. 52 und Anm. 122
AMT 85,1 II 10-14	S. 64 und Anm. 156
AMT 86,1 II 3-7	S. 51 und Anm. 119
AMT 86,1 II 3-11	S. 66 und Anm. 165
AMT 86,1 II 12-14	S. 52 und Anm. 123
AMT 86,1 III 3	S. 36 und Anm. 69
AMT 88,3 1-2	S. 55 und Anm. 135
AMT 88,3 9-17	S. 55 und Anm. 136
AMT 92,1 II 11-13	S. 31 und Anm. 48
BAM 140 Vs. 7-8	S. 55 und Anm. 132
BAM 190 34-38	S. 65 und Anm. 158
BAM 203 Vs 3-11	Anm. 90
BAM 205 14-16	S. 66f. und Anm. 166
BAM 205 19-21	S. 56f. und Anm. 141
BAM 214 I 1-9	S. 53 und Anm. 128
BAM 214 I 7-9	S. 36 und Anm. 70
BAM 237 I 5-7	S. 48 und Anm. 112
BAM 237 IV 29	S. 31 und Anm. 47
BAM 434 V 6-7	S. 65 und Anm. 159
BAM 434 V 8-13	S. 65 und Anm. 160

BAM 434 V 14-15	S. 65 und Anm. 161
BAM 434 V 16	S. 65 und Anm. 162
BAM 434 V 17	S. 65 und Anm. 163
BAM 449 I 1-2	S. 45 und Anm. 103
BAM 449 II 102	S. 47 und Anm. 111
BAM 449 II 11-12	S. 43 und Anm. 95
BAM 449 II 13-15	S. 43 und Anm. 96
BAM 449 III 13-16	S. 41 und Anm. 86
BAM 449 III 24-27	S. 41 und Anm. 88
BAM 458 8-9	S. 43 und Anm. 97
BAM 461 III 4	S. 42 und Anm. 89
BAM 461 III 14-15	S. 41 und Anm. 87
BAM 464 8-10	S. 43 und Anm. 98
BAM 499 II 8-9	S. 48 und Anm. 113
BMS 12 1	S. 19
BMS 12 62-65	S. 19
BMS 12 106-109	S. 20
KAR 32 38-40	S. 24 und Anm. 28
KAR 70 6-10	S. 57 und Anm. 142
KAR 70 Rs. 25-30	S. 13 und Anm. 5
KAR 72 Rs. 18-19	S. 45 und Anm. 102
KAR 80 1-6	S. 52 und Anm. 121
KAR 134 Vs. 13-14	S. 48 und Anm. 116
LKA 9 III 2-3	S. 53 und Anm. 129
LKA 9 III 7	S. 54 und Anm. 130
LKA 9 III 7-15	S. 67 und Anm. 167
LKA 9 III 16-17	S. 67 und Anm. 168
LKA 102 12	S. 38 und Anm. 77
Maqlû I 21-24	S. 63 und Anm. 155
Maqlû I 27-33	S. 37 und Anm. 73
Maqlû I 32-43	S. 47 und Anm. 108
Maqlû I 54-57	S. 37 und Anm. 74
Maqlû I 70-71	S. 37 und Anm. 75
Maqlû I 87	S. 22 und Anm. 21
Maqlû I 96-108	Anm. 53
Maqlû I 103-106	S. 31 und Anm. 49
Maqlû I 126	S. 61 und Anm. 150
Maqlû I 131-133	S. 33 und Anm. 56
Maqlû II 135-147	S. 61 und Anm. 148

Maqlû II 182-187	S. 33 und Anm. 58
Maqlû III 35-38	S. 62 und Anm. 154
Maqlû III 40-45	S. 26 und Anm. 35
Maqlû III 60-61	S. 61 und Anm. 149
Maqlû III 121-122	S. 26 und Anm. 36
Maqlû IV 3-5	S. 21 und Anm. 20
Maqlû IV 17-54	S. 34f. und Anm. 64
Maqlû IV 106-107	Anm. 31
Maqlû IV 119-123	Anm. 31
Maqlû IV 126-127	Anm. 35
Maqlû V 1-10	S. 61f. und Anm. 151
Maqlû V 57-60	Anm. 76
Maqlû V 64	S. 62 und Anm. 152
Maqlû VI 10-11	S. 38 und Anm. 78
Maqlû VI 51	S. 48 und Anm. 114
Maqlû VII 6-7	S. 46 und Anm. 104
Maqlû VII 112-115	S. 47 und Anm. 109
SBTU II 22 IV 11-12	S. 14 und Anm. 7
STT 102 1-3	S. 52 und Anm. 126
STT 275 I 14-18	S. 67 und Anm. 169
STT 280 I 22-25	S. 56 und Anm. 137
STT 280 III 36-27	Anm. 77
TDP S. 24: 51	S. 52 und Anm. 124
TDP S. 176: 5	S. 52 und Anm. 127
TDP S. 218f.: 15-19	S. 54 und Anm. 131
UET VI/2 410 Vs. 28-29	S. 31 und Anm. 50
UET VI/2 410 Rs. 2-4	S. 31 und Anm. 50